高等院校通识教育系列丛书

社会心理学

SHEHUI 心理学 XINLI XUE

主 编 ◎ 刘萃侠

撰稿人 ◎（以撰写章节先后为序）

刘萃侠 片成男 王国芳

胡延强 张 甜

中国政法大学出版社

2016 · 北京

出版说明

在高等教育中，通识教育对于人才培养具有基础性价值和决定性作用。故此，中国政法大学早在 2005 年就正式启动了通识教育改革，此次改革承继了 20 世纪 90 年代开启的文化素质教育。在学校"打造有灵魂的通识教育""建设有法大特色的通识教育课程体系"的两大改革目标指引下，在全校各方共同努力下，历经持续不断的艰苦摸索，学校通识教育课程体系终于从无到有，逐渐呈现出一种科学系统且生机勃勃的发展状态。

作为一所以法学专业为主的多科性大学，学校通识教育的资源相对匮乏。对于这一客观缺陷，学校并未盲目扩张，而是凭借"专业互通"的理念开放专业课程，以其作为其他专业的通识课，如此循序渐进，补足通识教育资源。同时，学校以《中华文明通论》《西方文明通论》这两门跨学科、综合性的全校必修课为基础，打造了通识教育四大类课程体系——人文素质类、社会科学类、自然科学类、法学类。而后又进一步围绕着四大类课组，纵向建立了"通识主干课""一般通识课"两种类型的选修课。

经过十余年的实践探索，学校对于通识教育有了更加深入、立体的理解和认识，希望通过"高等院校通识教育系列丛书"这一全新的系列教材，达成以下目标：

1. 总结过往经验，修正教学实践中发现的问题。在十余年实践过程中，广大师生对通识教育课程反馈了大量有益信息，学校认为有必要在此基础上，将渐成体系的教案加以完善，升级为更为成熟、更为系统的教材。而在教材的后续使用过程中，也会获得进一步的有关教学效果的反馈信息，使得本系列教材不断修正、完善。

2. 完善通识教育课程体系，更好地服务教学。通识课的课程特性、课时等因素，导致学生在接受知识时难免有"点到为止、浮光掠影"之感。对此，学校希望通过编写体例明朗、脉络清晰的通识课程配套教材，来帮助学生梳理所学知识，构建基本框架与知识体系，从而能够在现有基础上提高教学质量。

3. 扩大影响，增加交流合作的机会。学校之所以将本系列教材命名为"高等院校通识教育系列丛书"，而未将其局限于"中国政法大学"，乃是希望通过本系列教材的推广使用，在各高校间进行教学方法、教学实践的交流互动，互通有无、集思广益，将"通识教育"这一教学理念推广至全国高校，并总结、收集其在各高校的实践经验、教学反馈，对现有体系结构进行查漏补缺、更新换代的工作，以期对中国高等教育做出一定的贡献。

本系列教材的参编人员，均是从事一线教学多年、拥有丰富教学经验的教师，其中不乏学校十年通识教育改革的亲历者。相信他们深厚的学识水平、认真的治学态度，能够保证本系列教材的质量水准。当然，由于本系列教材的编写是一次全新的尝试，书中错漏在所难免。希望广大师生在使用过程中多提问题，以便我们逐步完善。

最后，希望我们可以秉持通识教育的基本理念——"通识、博雅、全人"，服务中国高等教育，在教学中打破学科壁垒，实现知识的融会贯通；在专业培养之外注重培育学生的性情、兴趣和趣味，实现人格的健康发展与人的全面发展。

中国政法大学
2016 年 8 月

前　言

　　本书是为中国政法大学全校通识主干课《社会心理学》所编写的教材。根据学校对通识教材编写的要求，本教材具有以下一些特点：

　　1. 学科体系完整、规范，内容较全面、丰富。

　　2. 文字的撰写简洁明了、通俗易懂。

　　3. 注重教材的趣味性、生动性，灵活引入各种故事、案例，提升学生学习的兴趣和主动性。

　　4. 各章插入了"想一想"练习，以便学生把正在学习的知识应用到日常生活中去，从而培养学生独立思考、分析解决问题的能力。

　　5. 各章置入了二维码，链接下设置了与课程内容相关的一些拓展性知识，以便为学生提供内容载体多样化的选择，并开阔他们的视野。

　　本书由绪论、社会化、自我、社会认知、社会态度、人际关系、助人行为、攻击行为、社会影响与群体心理十章构成，可供各高校、电大等的师生作为社会心理学的教材或参考资料，还可供社会各界爱好心理学的读者阅读。

　　参加本书编写工作的作者及分工如下：刘萃侠：第一、三、四、五、十章及全书的统稿、修订；片成男：第二章；王国芳：第六、八章；胡延强：第七章；张甜、王国芳：第九章。

　　在本教材出版之际，首先要感谢的是我校社会学院的前院长乐国安教授，他最早在我校开设了社会心理学这门课；时至今日，由他负责主持的、由全国13所高校的老师所编写的《社会心理学》一直是社会心理学必修课所用的教材；2010年，他又在此书的基础上主编了适合广播电视大学师生使用的教材《社会心理学教程》。本教材就是以上述两本书为基础，并参考了已有的国内外同类教科书及其他相关文献资料编写而成的；在此，也向这些文献的作者致以衷心的感谢。另外，为本书的出版付出辛勤劳动与心血的还有：社会心理学通识主干课前负责人刘邦惠教授，社会学院副院长马皑教授，我校教研科的赵强老师，我校出版社的阚明旗老师、唐朝老师、马旭老师、艾文婷老师，等等，在此深表谢忱。最后，衷心地感谢中国政法大学为本教材所提供的出版补贴及应用心理学校级重点学科建设项目的资助。

由于我们能力和学识有限，书中肯定会有许多不妥之处，谨望读者批评指正。

编　者
2016 年 6 月

目　录

第一章 绪 论

　　想想看，某天的早上醒来，你的脑子里想的很可能都是这一天要做的事情；如，第一件事情是穿什么，第二件是早餐吃什么，第三件是那堂一上就犯困的课去还是不去……是呀，生活就像一个充满选择的超级市场，我们对自己的生活有着相当大的决定权。可细细探究起来，也许早上你穿的鞋子正是好朋友向你推荐买的，因他/她买过一双，觉得既舒服又不贵；也许你原来早上喜欢吃香酥可口的油条配豆浆，可自从看了一次某位养生专家的电视节目后就改吃窝头与牛奶了；也许你原来那门犯困的课经常不去，可自从老师每堂都点名且规定一次不到扣 10 分后，你就堂堂必到了……可见，我们的一言一行、一举一动或多或少都会被我们置身其中的社会环境（如规章制度、他人）所左右。而社会心理学（social psychology）正是研究我们的心理与行为是如何受社会环境所影响的一门学科。在本章中，我们就要概括地介绍社会心理学的定义、研究范围、研究方法及其发展简史。

第一节　社会心理学的定义及研究范围

一、社会心理学的定义

　　在接触一门学科时，初学者总想一开始就明确它的定义是什么。不过，对于社会心理学，要下一个确切的、所有社会心理学家都能接受的定义是十分困难的，这不仅是因为这门学科的研究对象广泛而复杂，还因为研究者们所持的理论观点至今仍不尽相同。为使读者对社会心理学的定义问题有较为全面的了解，下面把西方以及我国社会心理学界较为广泛接受的定义加以介绍。

（一）西方社会心理学界的定义

由于受心理学和社会学这两门学科的基本理论的影响，西方社会心理学界对社会心理学的定义大体可分为两类：

第一类强调社会心理学要研究人的社会行为。例如，戈尔茨坦（Goldstein）把社会心理学定义为一个人的行为怎样影响其他人的行为的研究。西尔斯（Sears）等人在 1988 年出版的《社会心理学》（第六版）中也开宗明义地指出：社会心理学是对社会行为的系统研究；它论述我们如何知觉其他人和社会情境、我们如何对其他人作出反应以及其他人如何对我们作出反应，此外，它还论述我们如何受社会情境的影响。这类定义还有一种变式，即把人的"思维""情感"等心理活动也当成是行为，提出社会心理学研究的社会行为还包括人的这些心理活动。例如，奥尔波特（Allport，1968）认为，社会心理学家们把他们的学科视为试图理解和解释个体的思想、感情和行为怎样受到他人真实的、想象的或隐含的存在的影响。

想—想

1-1 本章开头所举的三个例子（买鞋、吃早餐、上课）是：

（1）指个体的思想、感情还是行为？

（2）受"真实的"他人还是"想象的"他人的影响？

答案在本章末找。

另一类定义则强调社会心理学应重视社会制度、社会团体与人际关系对个人的影响。例如，西尔弗曼（Silverman）认为，在现实生活中，人们并不是活动在真空状态，人们是社会中的一员，其行为必受许多人际关系影响，这些人际关系就是社会心理学（心理学中注重研究人际互动的分支）的主要兴趣所在。阿尔布赖齐（Albright）把社会心理学界定为是研究社会制度、社会团体与个体行为间的关系的一门学科。

从上述这些定义可以看出，社会心理学不仅要研究个体的思想、感情和行为如何受到他人的影响，也要研究社会制度、社会团体与人际关系对人的心理与行为的影响。

（二）我国社会心理学界的定义

20 世纪 80 年代我国社会心理学的研究和教学工作得以恢复之后，一些心理学者在一些文章中也阐述了自己对社会心理学定义的看法。

1982 年，吴江霖认为，社会心理学是研究个体或若干个体在特定社会生活条件下心理活动的发展和变化的规律的科学。

1985 年，汪青对如何定义社会心理学提出了自己的看法。他认为，社会心理学的定义应当包括四个要点：①社会心理学应以社会心理活动为研究对象，而不仅是行为或社会行为。②这种社会心理活动既包括个体的社会心理活动，也包括群体的社会心理现象。③应该在人与人之间的关系、人们的相互作用之中来进行社会心理活动、社会心理现象的研究。因为前者是社会心理活动的源泉，社会心理活动也表现在各种社会的相互作用中。社会存在决定社会意识，离开前者就无法理解后者。但是，社会心理学不能以这种社会存在、社会关系本身作为研究对象。④作为一门科学，社会心理学应该研究社会心理活动、社会心理现象的发生、发展和变化的规律，把它运用到实际活动中去，解决各种有关的问题，而不能仅仅是现象的描述。

根据这种分析，汪青提出了社会心理学的定义："社会心理学是研究在人们的社会相互作用中，个体和群体社会心理活动发生、发展和变化规律的科学。"

在对上述各类定义进行分析的基础上，全国 13 所高等院校《社会心理学》编写组（2008）把社会心理学定义为：社会心理学是对人的社会心理和社会行为规律进行系统研究的科学。这里所说的人，既包括个体也包括群体；而所谓的社会心理和社会行为，则是指个体或群体在特定的社会文化环境中对于来自社会规范、群体压力、他人要求、自我暗示等社会影响所作出的内隐的和外显的反应（"内隐的反应"即心理；"外显的反应"即行为）。例如，在 2008 年，中国的年轻夫妇争相生"奥运"宝宝就是人们在特定的社会环境中所做出的社会行为（见图 1-1）。

当然，初学者没有必要在一开始时就生硬地记住某一条定义，学完这门课程后，对什么是社会心理学，自己心中便会有所认识了。

二、社会心理学的研究范围

发展至今的社会心理学，已经有了较为完整的体系。从研究对象的角度可以把社会心理学的体系划分为个体社会心理和社会行为、人际交往心理和行为以及群体心理三个层面。

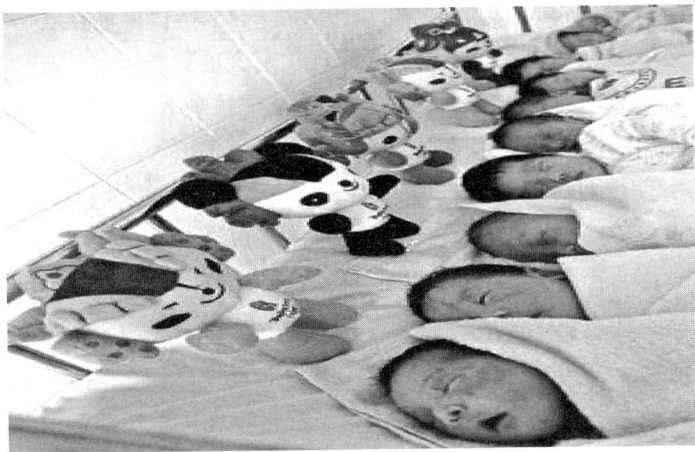

图1-1　2008年国人争生"奥运"宝宝

（一）个体社会心理和社会行为

这一层面的研究包括以下几个领域：

1. 人的社会化。一个人从出生到老，要经历一系列特定的教化过程。社会心理学要研究在社会化过程中人的心理发展变化与他所受的社会环境影响之间的关系。例如，家庭、学校、大众传媒以及社会道德、风俗习惯等对人的心理与行为的影响。总之，社会心理学对社会化的研究，旨在揭示婴儿是如何从其出生时的"自然人"或"生理人"的状态转化为合格的社会成员的。人的社会化包括政治社会化、法律社会化、道德社会化等。在对人的社会化的研究中，还需专门探讨社会角色的学习、扮演与冲突等。

想一想

1-2　试想一下，我们的社会对男性与女性的角色期望或要求各是什么？请你用几个形容词写出来好吗？

男性：_____

女性：_____

---

2. 自我。社会心理学对自我的研究主要包括：自我意识是如何形成与发展的，影响自我意识形成与发展的因素有哪些，个体是如何形成对自己的认识与评价的，而形成的自我认识与评价又会对个体产生怎样的影响，个体是如何表现自己以获得他人好的评价的，等等。

3. 社会认知。传统的普通心理学只研究对物的认知规律，不专门研究对处于社会环境中的人的认知。社会心理学则要研究对人的认知。这种研究主要包括：一是对他人的认知，即印象形成，如对他人表情、品质、能力、行为的认知等。二是归因问题，即研究人是怎样寻找自己或他人行为的原因的。社会认知的研究对于人们在社会生活中正确地认识他人、处理好复杂的人际关系具有重要意义。

4. 社会态度。人对社会种种事物和人（包括他人和自己）的态度，是社会心理活动的重要内容。社会心理学要研究人的社会态度各构成成分之间的关系，研究态度的形成与改变，研究特殊的态度——偏见产生的根源、后果及消除的措施。

（二）人际交往心理和行为

1. 人际关系。人是群居的动物，需要与其他人交往，并建立和谐、亲密的人际关系。人际关系的研究要探讨人际关系的发展和改善、影响人际吸引的因素、爱的成分与类型等。

2. 助人行为。为什么我们会帮助别人？又是什么原因让人见死不救？人们在什么情况下会帮助别人？有哪些办法可以促进助人行为的发生？这些都是本书要探讨的问题。

3. 攻击行为。人们不仅会无私地帮助他人，也会有意地伤害他人。社会心理学要深入探讨影响攻击行为产生的生理、环境等方面的因素及减少、消除攻击行为的措施等。

（三）群体心理与行为

社会中的人无不处于各种各样的正式的或非正式的群体之中。社会心理学要研究群体对群体成员的工作效率、判断与行为的影响，群体领导人的产生、领导方式及其有效性，群体决策的利与弊等。在中国，社会心理学尤其需要研究集体中成员的集体行为，以提高集体的活动效率。

以上诸多内容将在本书的各个章节详细介绍。

第二节 社会心理学的研究方法

上文已讲过，"社会心理学是对人的社会心理和社会行为规律进行系统研究的科学"。那么社会心理学是采用哪些具体的方法对"社会心理与社会行为"进行"系统研究"的呢？下面只简单介绍一下社会心理学常用的四种研究方法以及在社会心理学研究中应注意的伦理问题。

一、社会心理学常用的研究方法

在社会心理学研究中，常用的方法主要有四类（见图 1 - 2）。

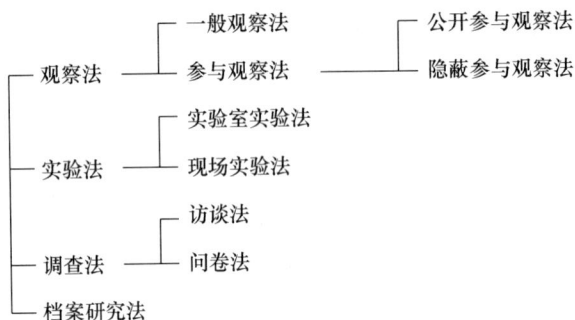

图 1 - 2 社会心理学常用的研究方法

（一）观察法

观察是指对人的社会行为的直接观察。它的主要特点是研究者在不进行任何干预的情况下观察和记录客观发生的事实。观察法原是人类学家和动物行为学家常用的研究方法，早期的社会心理学家使用得较多。现在，随着观察工具的现代化，观察法在社会心理学研究中又有越来越多地被采用的趋势。观察法看起来简单，但是要达到预期结果，研究者应该事先有明确的目的和要求，设计好清楚的观察程序。记录的方法很多，除了常用的笔记以外，现代的录音、录像技术都可采用。

观察法有多种形式，分一般观察法与参与观察法。

1. 一般观察法。即研究者在不进行任何干预的情况下观察并记录研究对象。如隔着单向玻璃（观察者能透过玻璃看到屋内的情况，而屋内的人隔着玻璃看不到屋外有人观察）观察屋内自由玩耍的孩子们，以了解哪些孩子受欢迎、哪些孩子被孤立、哪些孩子已形成了小群体等。

2. 参与观察法。参与观察法与一般观察法不同之点在于，研究者不是从旁观察和记录，而是参加到所研究的群体中去，作为群体的一个普通成员与其他成员一起活动，同时对其他人的活动进行观察和记录。此时，如果群体其他成员知道他们的行为被观察和记录，那么这就是公开参与观察法；如果其他成员完全不知道他们的行为被观察和记录，那么这种形式就是隐蔽参与观察法。显然，隐蔽参与观察法更易获得有关群体成员活动情况的真实资料，但是，一方面真正隐蔽不容易做到，另一方面隐蔽观察还会涉及研究的伦理问题，所以隐蔽参与观察法并不是能到处使用的。

观察法的主要优点在于它的现实性。它主要研究在现实生活条件下发生的过程，没有研究者人为安排的场面；另外，这种研究可以在长时间内进行，因而能够得到有关行为发生顺序和发展过程的资料。

观察法的主要缺点是：①由于对环境缺乏控制，所以难以得出因果关系的结论；②在使用观察法时，如果被观察者意识到他们正在被观察，那么行为表现就有可能不同，使得观察结果不够真实；③观察者自身的主观愿望易于影响观察过程及观察结果。

（二）实验法

有些人一听到"实验"这个词，头脑中就会浮现这样的画面：在与外界隔离的实验室中，穿着白大褂的科学家正在用各种各样的、令人生畏的仪器冗长乏味地研究着深奥的现象。虽然有些实验确实如此，但实验有许多变式，并不全是这个样子。

实验法是一种重要的研究方法。应用这种方法时，研究者系统地改变或控制某一因素（自变量），以确定这种变量是否影响另一种因素（因变量）。实验法有别于其他研究方法的重要特点在于：对所研究的情境给予一定程度的控制，突出自变量和因变量之间的关系，尽可能防止无关因素的干扰。具体而言，为做到这点，常要对被试（即研究的对象）进行随机分组，对有可能影响被试行为表现的其他因素均要明确加以控制。例如，在 20 世纪 70 年代，美国学者为了研究步行巡逻对减少犯罪的作用，就找了两个在犯罪率方面相似的管辖区，随机地抽选一区为实验区，实施步行巡逻，另一区为控制区，无巡逻。一年以后，实验区的犯罪率下降了一半，而控制区无变化，那么实验区犯罪率的下降可归于步行巡逻。

实验法既可以在实验室里使用，也可以在其他场合使用。由于研究使用的场合不同，控制的方法和程度不同，实验法分为实验室实验法和现场实验法两种形式。

1. 实验室实验法。这种方法是在特定的实验室条件下进行的，其基本特点是能对所研究的情境给予很高程度的控制，能最大限度地突出重要因素，防止无关因素的干扰。正因为这样，实验室实验法通常可以明确自变量对因变量的作用。

实验室实验法的优点在于：首先，实验者能够控制实验变量，通过这种控制，可以达到消除无关变量影响的目的；其次，实验者可以随机安排被试，使他们的特点（如性别、年龄、职业、个性特点等）在各种实验条件下相等，从而突出自变量和因变量之间的关系。

实验室实验法也有很大的缺点。如，在实验室条件下所得到的结果缺乏概括力，很难推广到现实生活中，因实验室条件与现实生活条件相去甚远。

2. 现场实验法。它与实验室实验法的不同之点在于对于环境加以一定的控制，研究者在现场呈现一定的刺激，观察被试的反应。例如，如果研究噪音水平对于人的利他行为的影响，便可采用现场实验法，在室外的自然环境中（但该环境的噪音水平是可以控制的）安排三种不同水平的噪音（以分贝为单位计算）。第一种是低噪音水平，恰如平时人们在安静环境中工作的情形；第二种是中等强度噪音水平，使人们开始感到不舒服；第三种是强烈的噪音水平，使人耳朵发胀，感到很不舒服。噪音源可以是现实生活中草坪上的割草机割草声响。在这种环境中，安排出一种需要旁人表现出利他行为的场面，如让实验助手装成一只胳膊骨折，打着石膏，另一只手捧着一大堆书从汽车里钻出来，书掉到了地上。此时，被试恰好从这里路过，观察在三种不同噪音水平下主动帮人拾书的行为变化。

现场实验法的优点在于：由于被试不知道自己当了被试，所以他们不会产生虚假反应；又由于控制了自变量，所以可以看出需研究的变量间的因果关系。

可以看出，实验室实验法和现场实验法这两种方法各有利弊，研究者可以根据不同的具体研究课题而选用不同的方法，也可以把两种方法结合起来使用，以得出较为真实的结果。

（三）调查法

调查法的基本做法是研究者拟定一系列问题，向被调查者提出，要求他们作出回答，然后整理所获得的资料，从中得出结果。

调查法分为两种，一种是访谈法，另一种是问卷法。访谈法是研究者亲自访问被调查者，向他们直接提问，并对回答进行记录；问卷法则是以书面形式向被调查者提问，让他们填写问卷。

想一想

1-3　不久前，一位研究者问了好多人这个问题："假如你家着火了，你第一时间抢救的是什么？"你猜65%的人回答的是什么？

答案在本章末找。

调查法的优点在于直截了当、针对性强、比较省时省力、收集的信息量较大。调查法的缺点主要是缺乏准确性。被调查者的回答可能会受各种因素干扰，尤其是使用问卷调查时，这种缺点更为明显。

（四）档案研究法

档案研究法也可以说是一种特定的调查法，它与一般的调查法的不同之处在于，不是对现在的人员进行调查，而是利用现存的档案材料进行分析，得出结论。档案材料包括报纸的报道、政府或团体的文件记录以及书刊、个人信件、讲演、日记等。这些材料当初不是为专门研究某个问题而准备的，所以需要加以整理。

档案研究法的主要措施是对档案内容进行分析。如我国学者张德（1990）以人民教育出版社1970~1982年出版的十册全日制学校小学语文课本为分析素材，发现：在课文中充当无知、低能的多是女人，而男人则知识渊博、能力高超。而这些内容会助长对女性形成"头发长、见识短"的刻板印象。

档案研究法的优点是：①可以使研究者在较长的时间内和较广阔的空间中考虑假设，有些记录可以追溯到几百年甚至更长时间以前，这是其他方法办不到的；②可以从不同文化、不同时代的角度去检验假设，提高了研究的有效性；③由于不直接面对研究对象，所以不会出现研究对象迎合、作假等问题。

档案研究法的缺点是：受现有材料的局限，而且材料的准确、可靠性难以确定。另外，从档案材料中找出有关研究课题的东西，需要较高水平的技巧。

目前，社会心理学的研究多采用多元化的思路，即依据研究的问题采用适合的方法。

二、社会心理学研究中的伦理问题

美国心理学家沙赫特（Schachter）曾做过一个有关人对孤独的忍耐力的实验。在这一著名的实验中，他设计了一个没有窗户但有空调的房间，里面除一张桌子、一把椅子、一张床、一个马桶、一盏灯外再无其他东西，一日三餐通过房门底的小洞口送入。谁能在这样的房间待上一天就能得到一笔可观的报酬，目的是想测量一下人在这样与世隔绝的情境下能待几天。五名大学生充当了被试，结果是其中一人只待了二十分钟就受不了，放弃了实验；有两个人待了两天；最长的一个被试也只待了八天。

想一想

1-4 你对上述这个实验有什么看法？你觉得这个实验是否应该做？

在社会心理学研究中，出现过欺骗被试、让被试在实验中做他们不愿意做的事、把被试置于生理和心理压力之下（如不让被试吃饭、喝水、遭电击或噪音过强）等情形，并因此引起了学术界的批评与争论。

学术界认为，研究者应当认真地保护被试的身心安全，尊重被试的隐私，保证研究对所有的参与者都没有伤害作用。现在要求在每一个社会心理学的研究中都要遵循三条原则：

1. 必须让被试自愿地参加实验研究，被试应当知道他们在研究中要做些什么。

2. 研究必须是"风险最小"，即研究的设计没有必要让被试冒险。

3. 研究者要进行"风险—获益分析"，即在研究中让被试承担的风险要与通过研究获得的利益平衡，这里的利益可以是对被试而言，也可以是对社会而言。

1992 年美国心理学会修订了《心理学家伦理准则》（Ethical Principles of Psychologists）（American Psychological Association，1992）。伦理准则分为 8 个部分，由 100 多个子部分构成。每个子部分都表述了特定的伦理责任，如，避免伤害、解释得到的结果、避免虚假陈述、避免亲昵行为、保持信任、精确的讲授、遵守法律、报告对伦理的违犯等。

1-1 心理学家伦理准则实例

上述种种规定，对于我国社会心理学者进行研究，也是具有指导价值的。在本书以后各章介绍的一些社会心理学研究中，我们可以看到在研究中遵循这些规定是多么必要。

第三节 社会心理学发展简史

任何一门学科都有它形成与发展的过程，社会心理学也不例外。下面将简单介绍西方及我国社会心理学的形成与发展历史。

早在 2000 多年以前，人类对自身在社会生活中表现出来的社会心理和社会行为就抱有极大的兴趣。从著名的思想家到普通人，都时常在思索人们何以有爱，何以有恨，何以个体独处时的行为与有他人在场时会表现得很不相同，等等。但是，社会心理学作为一门独立的学科诞生至今仅有 108 年的历史。如今，这门年轻的学科不仅在体系上日趋成熟和完整，而且在实际生活中表现出越来越巨大的应用价值。

一、西方社会心理学发展简史

（一）社会心理学的孕育时期

社会心理学的创史之年及其成立的标志，一直众说纷纭，莫衷一是。但是，作为一门业已形成的学科，一个长足发展、成果累累的独立领域，必然会在其诞生之前经过一段时期的准备。

社会心理学同心理学、社会学一样，在其形成之前都依附于西欧思辨哲学的母体之中。作为哲学这一母体，我们无法从中寻找出"纯"社会心理学方面的研究论述，但我们也不难发现其中不少涉及这个领域的思想观点。从总体上看，论及社会心理学思想的有以下两条基本线索：

1. 源于古希腊的苏格拉底和柏拉图。苏格拉底和柏拉图认为人性虽然不能摆脱生物遗传的纠缠，但可以受到环境和教育的深刻影响。因此，柏拉图在《理想国》中企图设计一种社会，使其中的孩子因适当的教育而得到适当的塑造。这一观点为康德、歌德和卢梭等人所继承，并得到了进一步的发展。例如，卢梭在《爱弥尔》一书中塑造的爱弥尔就是理想社会教育出来的理想少年；新行为主义者斯金纳（Skinner）的《超越自由与尊严》《沃尔登第二》等一系列著作也都出自同一母体。

2. 源于古希腊的亚里士多德。亚里士多德认为社会源于人的本性，而人性又是生物或本能的力量所支配的。因此，改变人的本性，建立理想国的主张是无法实现的。亚里士多德的思想对后来社会心理学中的一些领域产生了一定的影响。如弗洛伊德（Freud）的"心理动力说"部分受到亚氏《诗学》中的"宣泄说"的启发。

美国早期社会心理学家奥尔波特（Allport）认为柏拉图和亚里士多德都是在哲学知识内部建立了社会心理学的主要思想的创始人。

（二）社会心理学的形成时期

社会心理学是在社会学和心理学分别脱离哲学母体之后，又从这两门学科中应运而生的一门交叉学科。社会心理学学科的出现来自于社会发展的需要和相关学科的理论准备。

在18世纪下半叶和19世纪初，资本主义的经济变革所导致的大动荡促使人们用已经出现的"政治数学"和人口统计来考察人口、死亡率、家庭收入、生活状况、犯罪类型等社会问题。在这些社会调查中，有不少问题已涉及社会心理学的研究课题，如法国的帕兰—杜沙特列在1834年发表的两卷本《关于巴黎城里的卖淫》中就使用了警方记录和私人访谈法了解这些妇女的社会出身、对宗教和婚姻的态度、堕落的原因等。虽然他们并不是社会心理学研究者，也没有意识到他们所从事的研究是关于社会心理学方面的，但在后人看来，他们是社会心理学研究的头一批样板。

社会心理学的形成还有赖于社会学或心理学领域一系列重大事件的推动，现按时间顺序排序如下：

1. 1875 年，德国学者舍夫勒首先在现代意义上使用了"社会心理学"一词，在《社会躯体的结构及其生活》一书中论述了社会生活中的心理状况或民族意识的一般现象。

2. 1894 年，斯莫尔和文森特也在美国率先使用"社会心理学"一词，并将"社会心理学"列为《社会研究导论》一书的主要章节。

3. 1897 年，特里普利特在《美国心理学杂志》上首次发表了一份社会心理学的实验报告，对骑自行车者的单独行驶、陪伴行驶以及竞赛的速度进行了测量和对比研究。由此，这一年被称为美国社会心理学的诞生之年。

4. 1908 年，英国心理学家麦独孤（McDugall）和美国社会学家罗斯（Ross）分别从不同的学科角度写出了第一本社会心理学的同名教科书，其象征意义在于社会心理学由此终于从促使其诞生的社会学和心理学土壤中脱生出来，并走向独立。所以，1908 年常被认作是社会心理学的诞生之年。麦独孤在《社会心理学导论》一书中，沿着达尔文的进化论的线索，探讨了个体行为的动力问题。他认为：本能是一切社会行为的基础，这些本能包括求食、拒绝、求新、逃避、斗争、性及生殖、母爱、合群、支配、服从、创造、建设等，从这些本能中可以衍生出全部社会生活和社会现象。美国社会学家罗斯的《社会心理学》一书标志着当时社会学家对社会心理学最系统的论述。在罗斯看来，模仿是一切社会行为的基础，它可以用来解释一切社会现象；如一个人发明创造，99 个人跟着模仿，这样就有了风俗和时尚。

另外，工业心理学对社会心理学的形成也具有推动作用。工业心理学即是现在的管理心理学的前身，在美国一般被称为工业社会心理学。虽然它可以被视为社会心理学的应用学科，但无论从时间的先后，还是从起初研究的内容来看，它都对社会心理学的产生和发展有过影响。

（三）社会心理学的迅速发展时期

第二次世界大战的爆发使得羽毛尚未丰满的社会心理学开始贡献出自己的力量。一方面，战争的爆发刺激了美国社会心理学的繁荣；另一方面，社会心理学也直接服务于战争。在这一时期，社会心理学的主要课题包括信仰、偏见、态度改变及大众传播、领导方式、竞争、合作等。例如，霍夫兰德在第二次世界大战中进行了沟通与说服及态度改变的研究；斯扎夫等人通过对美军人员的素质及心理状况的调查，提出了"相对剥夺"的概念。

进入20世纪60年代，社会心理学在美国达到鼎盛时期。如，从事社会心理学工作的专业人员达5000人；1968年出版的《社会心理学手册》有5大卷，250万字；社会心理学被广泛应用于学校、医院、企业、家庭等，研究课题也更加广泛；理论建设在此期间也有所成就，社会学习理论、社会认知理论、社会角色理论先后崛起，试图对社会行为给出新的解释。

（四）社会心理学的危机时期

美国的社会心理学自进入20世纪70年代以后，发生了一场危机。危机主要发端于美国当时的社会危机、黑人运动、妇女运动、反越战运动以及以"全球大造反"为标志的青年运动，造成了社会的大动荡。面对日益严峻的现实，人们呼吁社会心理学家走出书斋和实验室，到社会现实中去解决最迫切的社会问题。然而社会心理学家一时手足无措，拿不出治愈社会疾病的灵丹妙药，使人们对这门原来在心目中深得推崇的学科大失所望。针对这一危机，人们寻找出不少原因，归纳起来有以下三点：

1. 理论定向问题。西方社会心理学家认为，由于社会心理学研究长期以个人为中心，这将不可避免地导致忽视个人是社会的成员及个人与社会的统一，也难以将这门学科应用于社会，因此，有必要重新修正理论的定向。

2. 研究方法问题。实验方法在这门学科中的运用自然标志着这一门学科的独立，为科学地研究人的社会心理开辟了新的途径，但实验室的局限也使得社会心理学的研究脱离社会现实。不仅如此，实验室所做的实验有人为化的弊病，从而使心理研究过于抽象。例如，研究心理学史的著名学者墨菲曾指出，从实验室中的"社会促进"问题研究到理解校园内的动乱或国际上的仇恨还有很长一段距离。

3. 社会期望问题。社会心理学由于和现实生活密切相关，造成了社会对这门学科寄予过高的期望，而社会心理学的发展并没有也不可能在短期内与社会现实保持同步的发展。总之，种种问题都说明了社会心理学还是一门不太成熟的学科。

（五）社会心理学的再次发展时期

经过学者们对社会心理学危机的种种反思与努力，从20世纪80年代以来，社会心理学再次蓬勃发展起来。如社会心理学的应用研究得到加强，社会心理学的研究已涉足社会生活的诸多领域，如司法犯罪、市场营销与消费、心理健康、企业管理、旅游、灾害、体育等。另外，随着国际交流的日益频繁，东西方文化存在着很多差异已得到共识，所以，国际合作研究越来越多。

值得提出来的是，第二次世界大战之后，世界社会心理学由美国占据霸主地位，即使在欧洲，当时也只能说是"美国殖民化"的社会心理学。这种状况自20世纪60年代中期开始有了变化。一批欧洲社会心理学家提出了建立欧洲社会心理学的主张，经过40年的不懈努力，现在欧洲的社会心理学在研究视角、研究方法以及理论创新方面都有了自己的特点。以2001年出版的欧洲《社会心理学手册》为标志，欧洲社会心理学已成功地解构美国社会心理学的霸权地位，并和美国社会心理学一起成为当今世界社会心理学的主流。

二、国内社会心理学发展简史

（一）评介阶段

20世纪20年代到1949年，是中国社会心理学的评介阶段。

从20世纪20年代起，中国的社会心理学开始萌发，当时一些学者翻译了一些国外的社会心理学著作，对西方的社会心理学理论进行了介绍与评价，如赵演翻译了奥尔波特的《社会心理学》，高觉敷翻译了黎朋的《群众心理学》。另外，我国的学者也自己撰写了一些社会心理学著作，如1924年，陆志韦撰写了《社会心理学新论》；1948年，我国著名社会学家孙本文撰写了《社会心理学》，它标志着我国社会心理学理论研究在当时所取得的最高成就。

另外，我国学者还做过一些实地调查和应用研究。如1922年，张耀翔首次进行了选举方面的民意测验、中国青年的情绪研究、迷信以及商人心理研究等；1942年，社会学家费孝通和心理学家周先庚先生在昆明进行了第一次工业社会心理学学科研究，也为社会心理学研究具有本土特点作了有益的尝试。

（二）停顿阶段

从新中国成立到1980年是我国社会心理学的停顿阶段。

众所周知，新中国成立以后，我国有一段时间在政治、经济、教育等很多方面都是模仿苏联的。为了更好地了解这段历史，我们首先要对苏联社会心理学的发展历史作一梳理。

20世纪20年代，苏联的社会心理学被取消。在20世纪50年代末，苏联中断了三十余年的社会心理学开始复苏。1959 年，科瓦列夫在《列宁格勒大学学报》上发表了题为"论社会心理学"的文章，导致了一场关于社会心理学的大讨论。其主要议题是社会心理学在整个社会结构中的地位、社会心理学的研究对象和学科性质，以及如何看待在资本主义国家发展起来的传统社会心理学。虽然观点各异，但在总体上确立了马克思主义的指导原则，并客观地评价了西方的社会心理学。20 世纪 60 年代以后，苏联的社会心理学开始迅速发展。如，1968 年，在列宁格勒大学成立了全苏第一个社会心理学教研室；1972 年，莫斯科大学继列宁格勒大学之后也建立了社会心理学教研室；随后，各种社会心理学著作、论文集、研究报告也大批出版。虽然苏联的社会心理学在 20 世纪 50 年代末已开始复苏，六七十年代开始发展，但是在中国，新中国成立以后模仿苏联取消了社会心理学这门学科，直到 80 年代才开始重建。

（三）重建与复兴阶段

自 1981 年以来，中国社会心理学开始进入重建与复兴阶段。这一年夏天，北京心理学会首次举办了"社会心理学学术座谈会"，来自全国各地的 50 多位学者就社会心理学的对象、性质、方法和其他一些理论问题发表了意见。1982 年 10 月成立了中国社会心理学研究会（后改为中国社会心理学会），这是我国社会心理学重建的重要标志。

此后社会心理学在中国发展异常迅速，出版了许多专著、教科书，教学和研究队伍不断扩大，研究领域有理论方面也有结合中国社会实际的应用方面。当然，也应看到，由于起步较晚，中国社会心理学的研究仍有待加强。如，北京大学的方文（2001）在其题为"社会心理学的演化：一种学科制度视角"的文章中指出：当前中国社会心理学对国际主流社会心理学理论进展的忽视、漠然和无知，以及每年生产大量的社会心理学的虚假文本和肤浅的经验研究，使学科处于泡沫繁荣状态，无法为中国社会心理学同时也为世界社会心理学的发展，提供理论建构和数据积累的想象力和洞察力；面对中国社会的结构转型及其后果，社会心理学者基本上处于无语或失语状态。社会心理学在中国属于"舶来品"，然而其研究对象又具有极强的本民族的社会文化特点；基于这种认识，在确立中国社会心理学制度建设的学术目标时，既不要完全地以中国社会心理学达到"西方社会心理学化"为目标，也不能以完全地使中国社会心理学"本土化"为追求的终点；我们的目标可以是建立有中国特色的社会心理学，并且使之融入世界社会心理学之中，成为人类共同的科学财富。这方面，欧洲社会心理学解构了美国社会心理学的学术霸权，并且与美国社会心理学结合而成为"西方社会心理学"，是我们的一个榜样。

总之，我国社会心理学的发展，任重而道远。

复习题

1. 社会心理学的定义（国内的）是什么？
2. 社会心理学常用的研究方法有哪些？
3. 简述调查法的种类及其利弊。
4. 西方社会心理学的发展主要分为哪几个阶段？
5. 我国社会心理学的发展可以分为哪几个阶段？

参考文献

1. 方文："社会心理学的演化：一种学科制度视角"，载《中国社会科学》2001 年第 6 期。

2. 侯玉波编著：《社会心理学》，北京大学出版社 2013 年版。

3. ［美］津巴多、利佩：《态度改变与社会影响》，邓羽、肖莉、唐小艳译，人民邮电出版社 2007 年版。

4. 全国 13 所高等院校《社会心理学》编写组：《社会心理学》，南开大学出版社 2008 年版。

5. 汪青："对西方一些社会心理学定义的初步分析"，载《外国心理学》1985 年第 2 期。

6. 吴江霖："马克思主义社会心理学的展望"，载《广州师院学报》1982 年第 2 期。

7. 乐国安主编：《社会心理学教程》，中央广播电视大学出版社 2010 年版。

想一想参考答案

1-1：（1）个体的行为；（2）真实的他人。

1-3：手机。

第二章　社会化

个体在社会中生活，就需要个体与社会不间断地进行交互作用，个体在其中逐渐由自然人演变成社会人的过程就是社会化。在西方社会心理学中，很早就有人提出存在两种不同研究倾向的社会心理学，即心理学的社会心理学和社会学的社会心理学，社会化就属于"心理学的社会心理学"和"社会学的社会心理学"共同研究的课题。本章我们将一起了解社会化的含义、种类、影响因素以及社会角色的含义、分类与如何处理角色冲突等问题。

第一节　社会化的含义与内容

人既是生物的存在又是社会的存在，遗传因素与环境因素对人的发展的影响是研究者们非常关注和一直争论的重要问题。研究者们已不再主张过于偏激的遗传决定论或环境决定论的观点，然而社会文化对人的影响是不言而喻的。

一些极端的生存和生活环境，展现了社会环境对人的发展所起的重要作用。在人类历史上曾经发现过的狼孩等兽孩，因由野兽抚养长大，他们具有野兽一样的生活习惯。如果兽孩出生时不属于先天缺陷，那么这样的事例就说明人类的直立行走和言语等能力并非天生的本能。丹尼斯（Dennis，1960）研究了两组伊朗孤儿，这些孤儿在出生后的前两年很少跟人互动，基本上是躺在床上度过的。早期的剥夺性环境大大限制了他们独自坐立、行走等动作的发展。这样的事实表明，人类的动作、行为、语言等并不是与生俱来的。任何人都必须通过学习和文化的熏染，参与社会生活，适应社会文化，才能成为一个符合要求的社会成员。

一、社会化的定义

社会心理学家们曾从不同的角度对社会化（socialization）进行了界定。

西方著名社会心理学家弗洛姆（Fromm，1949）把社会化定义为诱导社会成员去做那些要想使社会正常延续就必须做的事，它是使社会和文化得到延续的手段。

赖兹曼（Wrightsman，1977）指出，没有任何一个儿童是在完全的真空状态中成长起来的，从婴儿出生的时候起，他就被各式各样的人物和事件所包围，而这些人和事塑造着他对世界的认知。个体意识到他所属的社会的各种价值并把它们都吸收进去的过程，就称为社会化。

苏联社会心理学家安德列耶娃（Анлреева，1984）认为，社会化是一个两方面的过程，一方面是个体通过加入社会环境、社会关系系统掌握社会经验的过程，另一方面是个体对社会关系系统的积极再现过程。

目前国外被广泛采用的是霍兰德（Hollander）的说法，即认为一个婴儿是带着众多的行为潜能来到人世间的，这些行为的发展有赖于各种复杂因素的相互联系，包括与他人的相互作用。儿童在人类社会成长的过程中学会了抑制某些冲动，并被鼓励获得在特定社会环境中的人所具有的特征和价值，这个过程叫做社会化。因此，霍兰德认为，社会化是作为获得特有的人类特征的手段而开始的，我们的社会化过程，实际上也是我们适应社会生活、成为社会人的过程。

我国的社会心理学者一般认为，社会化是人在主客观因素相互作用中形成自己个性的过程，是人们能动地参与社会生活、吸收社会价值文化、发展和丰富自己个性的过程。如，章志光（1996）指出，社会化通常指个体在社会影响下，通过社会知识和社会经验的获得，形成一定社会所认可的心理—行为模式，成为合格社会成员的过程。即使如此，不同的研究者所强调的角度和层面是有所不同的。如，沈德灿（2005）从个体发展的角度指出，社会化是自然人变成社会人的过程；张德（1990）认为，个体的社会化就是个体接受社会文化影响，掌握社会行为规范和价值观念的过程，也可以说，个体经过同他人交往、学习而形成社会行为。时蓉华（2002）则认为，在特定的社会与文化环境中，个体形成适应于该社会与文化的人格，掌握该社会公认的行为方式，叫做社会化。

从上述说明可以概括出以下三个主要观点：①社会化是一种学习过程。个体学习社会或群体对其所期待的技能、知识、行为规范、价值以及在社会群体中应该扮演的角色。②社会化又是实践过程。个体逐步具备实现这些期待的条件，自觉地以社会或群体的行为规范来指导和约束自己的行为，从自然人变成社会人。③社会化是社会文化得以继承的手段。

通过以上的分析，我们可以把社会化定义为个体在社会影响下，通过与社会的交互作用，获得社会知识和经验，适应社会并成为合格的社会成员的过程。

二、不同发展时期的社会化

人的发展贯穿于整个生命过程。个体的社会化也在人的一生中进行，是一个持续终生的过程。人在社会生活中不断经历着各种变化，其发展被划分为不同的阶段和时期。从发展心理学的角度来说，根据各个发展阶段的特点，社会化大致可分为儿童期社会化、青春期与青年期社会化、成年期社会化。另外，人的发展有很强的可塑性，即在一些特定环境下出现再社会化。

（一）儿童期社会化

儿童期社会化被看作基本社会化（elementary socialization），指个体在儿童期发展各种认识能力，掌握生活知识和语言，获得行为规范、道德及价值判断标准的过程。个体的社会化从出生时就已经开始了。新生婴儿的生理机能（特别是高级神经系统组织）很不完备，心理活动处于萌芽阶段。在最初几个月里，父母尽力满足儿童的基本需要，响应婴儿的情感需求。大约 3 个月左右，婴儿就能辨认出照料者的面貌，此阶段他开始发出和接受强烈的情感信息。到 12～18 个月时，儿童开始对外部世界产生兴趣。随着语言的发展和对符号的理解，儿童的自我概念开始逐步发展，从这时候起的社会化过程对个体意义重大。3～6 岁期间，儿童的认知活动带有明显的具体形象性，抽象概括能力还比较差。在学龄初期，学校的学习和集体活动使儿童的社会化发生了质的转变，表现出更强的目的性和系统性。

（二）青春期与青年期的社会化

青少年期的社会化表现为预期社会化（anticipatory socialization），即为以后的角色与社会生活做准备的社会学习过程。在青少年身上，预演未来的成人角色表现得特别明显。青春期是一个敏感期，处于该阶段的个体在身体与思想方面都经历着变化，其社会地位和角色等也有了新的发展空间。在现代社会中，除了来自家庭与学校的影响，更多的影响来自同辈群体以及网络世界。与儿童期社会化相比，此阶段个体的认知能力在抽象思维方面取得了明显的发展，开始认真思考社会、政治、伦理等问题。但是个体的世界观依然是高度可变的，他们常常过分在意他人对自己的评价，容易在唯我主义和自卑之间徘徊。青年期介于青春期与成人期之间，处于此阶段的个体在生理上已经成熟，世界观初步形成，人格发展也接近定型，各方面的知识技能也日趋完善。

（三）成年期的社会化

进入成年期以后，所谓的初级社会化（primary socialization）——在一个人的早期阶段为各种成人生活角色所作的基本准备（包括基本社会化和预期社会化）——已经完成，个体的自我已经发展起来，但是个体的人格依然在成长变化。社会生活是不断发展变化的，为了适应这些变化，个体继续学习社会知识、价值观念与行为规范，接受新的期待和要求，承担新的责任、义务和角色。这一过程被称为继续社会化或发展社会化。在这个过程中，个体不断地选择、学习与尝试各种社会角色，对现行角色进行重新定义与再创造，其生活与事业将趋于稳定，心理上也更加成熟。到了成人晚期，即老年期，个体必须调整自己，以面对声望的降低、身体的衰老以及死亡等。这一时期，个体将不断调适自己与他人的关系、完善自己的人格、适应新的社会角色，并力求达到一个平和的心境，正确地面对自己的过去和将来。在二维码阅读材料中，我们可以通过埃里克森的人生八阶段论更详细地了解人在不同发展时期的社会化问题。

2-1 埃里克森八阶段说

（四）再社会化

以上按照时间顺序论述了人在不同发展时期的社会化。尽管社会化在整个生命周期都在持续，但是在某些情况下，青少年和成人经历着一种特殊的社会化形式——再社会化（re-socialization）。它是个体的生活环境或所担任的社会角色发生急剧变化时，为了适应这种新的情况，个体有意将旧的价值观和行为模式等做重大的调整，接受新的价值观与行为。一般来讲，再社会化有两种不同性质的基本形式：一是强制性的，如监狱中对罪犯的全面改造；二是非强制性的，是个体为适应社会文化与生活方式的急剧变迁而主动进行的，如城市移民群体和移居国外，等等。我们适应大学生活和学习的过程也是一种非强制性的再社会化过程，因为我们面临的是与以前全然不同的学习环境。

> **想一想**
>
> 2-1 上了大学以后，我们的生活和学习环境发生了很大变化，每个人都需要调整自己以适应新的环境。请按小组谈论这一再社会化过程，交流每个人遇到的问题都有哪些，又是如何解决这些问题的。

在监狱，对罪犯的教育和改造是一种强制性的再社会化过程。再社会化促使受刑人改变原有的思想与行为方式。但是这一过程并非总是顺利进行的，可能会出现监狱化现象。所谓监狱化，指受刑人入监服刑后对监狱社会风俗、习惯、独特价值观的适应与同化的情形。在监狱化的过程中，受刑人逐渐脱离社会关系而适应监狱里的生活习惯，受其不良影响。监狱化的表现有行为变得依赖和被动，思想停滞，对周围事物冷漠、不关心，受暗示性高，不相信管教人员的主张等（杨士隆，2002）。可以说，环境对人的影响是非常复杂的。与一般意义上的大社会不同，各种形式的亚社会对人能产生更直接的影响。人们在社会化的过程中，不仅获得大社会所期望的行为规范、价值观和社会技能，同时也获得亚社会所要求掌握的具体内容。而且，亚社会与大社会不相一致，这使社会化的过程显得错综复杂，甚至会产生冲突和对立。

三、社会化的内容

社会化的内容相当广泛，与适应社会生活有关的知识、态度、行为方式与思想观念等均可包括其中。社会化的内容涉及不同的社会领域。下面从道德社会化、政治社会化和法律社会化来了解社会化的主要内容。

（一）道德社会化

道德是一定社会调整人们之间以及个人与社会之间关系的行为规范的总和。道德社会化（moral socialization）就是将特定社会所认可的道德规范逐渐内化的过程。西方社会心理学中有关道德社会化的理论研究很多，其代表人物是皮亚杰（J. Piaget）和科尔伯格（L. Kohlberg）。

皮亚杰（1896~1980）是瑞士的发展心理学家，主要研究人类认知的发展。他认为，人类的知识不管多么高深、复杂，都可以追溯到早期的认知结构，是经过不断的建构而发展起来的。皮亚杰在研究儿童认知发展的时候，采用了被称为临床法的访谈法，在观察和实验过程中向儿童提出一些事先设计好的问题，然后分析儿童所作的回答，尤其是错误的回答，从中找出规律性的内容。他还最先关注儿童道德认知的发展，采用对偶故事法，设计关于过失、谎言等的问题情境，考察对规则的理解和使用，提出了道德认知的发展理论。他认为，儿童的道德经历着从他律道德向自律道德发展的过程。学前儿童处于前道德时期，很少表现出对规则意识的关注，游戏的目的就是从中得到乐趣。5～10岁的儿童处于他律道德阶段，有很强的规则意识，把规则看作神圣不可侵犯的。他们多从行为的结果而不是行为的意图和动机判断行为恰当与否。到了10岁或11岁，儿童进入自律道德阶段，开始认识到道德已经不是外在的东西，规则是人为制定的，甚至在人们同意的情况下可以进行调整，理解到在道德的背后有更大的根本原则，那才是道德的标准。此时，儿童依据行为背后的动机来判断是非。因此，皮亚杰认为儿童进入了道德主观论阶段。

科尔伯格（1927～1987），美国的发展心理学家和教育心理学家。科尔伯格是皮亚杰道德认识发展理论的追随者。他继承并发展了皮亚杰的道德发展理论，着重研究儿童道德认知的发展，提出了"道德发展阶段"理论，在国际心理学界、教育界引起了很大反响。

科尔伯格的道德发展研究，借助道德两难（moral dilemma）问题情境，希望了解儿童进行道德判断的内在认知心理过程。因此，在研究中重点分析的不是判断本身而是判断的理由。"海因茨难题"（Heinz's Dilemma）是在他的研究中最著名的道德两难问题情境，故事情境是："海因茨的太太患了严重的癌症，医师诊断只有一种新制药物可治。海因茨奔赴药店时，店主将成本仅200美元的药物提高为2000美元。海因茨因为妻子久病已用尽所有积蓄，向亲友借贷只能凑得1000美元。他恳求店主允许其先付1000美元取药回去救他太太的生命，余款保证稍后补足。但是店主拒绝并称卖药的目的只求赚钱，不考虑其他问题。海因茨太太性命危在旦夕，海因茨走投无路，就在当天夜间撬开药店窗户偷了药物，救了太太的性命。"在这则故事之后，科尔伯格要求被试回答："你认为海因茨偷药救妻的行为对不对？为什么？"

从1958年起，科尔伯格即采用类似方法调查10岁、13岁及16岁三组被试72人，经过将被试对道德两难问题的反应分析之后，科尔伯格在1963年首次提出他的道德发展阶段论，分为下述的三个水平六个阶段。

第一水平为前习俗道德（preconventional level of morality），这一水平的儿童

只考虑自己需求的满足，不考虑是否符合社会习俗。根据道德发展水平的高低，这一水平又分为两个阶段。第一阶段是避罚服从取向，即对行为对错的判断不是着眼于行为本身，而是行为带来的实际后果。因此，未被发现或没有受到惩罚的行为并不会被认为是不恰当的行为。如果后果带来奖励行为就是对的，否则就是错的。第二阶段是天真的享乐主义，此时遵守规则是为了获取奖赏或者满足个人目标。对行为对错的判断持利益交换的观点，帮助别人是为了希望别人帮助自己。

第二水平是习俗道德（conventional level of morality），儿童的行为遵从世俗或社会规范，从事道德推理判断。人们遵守规则和社会规范是为了赢得他人支持或维持社会秩序。第三阶段为好孩子取向，道德行为是那些受到他人喜欢、支持或对他人有帮助的行为，行为的意图变得非常重要。行为对错的判断多以符合家庭和社会期待为标准。第四阶段为遵守法规取向，此时儿童开始考虑普通大众的观点，即法律所反映的社会群体的意志，认为服从法律规则的事情就是正确的。

第三水平为后习俗道德（postconventional level of morality），处于这一水平的个体以更广泛的公平原则和价值观界定是非，可能会与现有的法律和权威发生冲突。第五阶段为社会契约取向，个体把法律看作是反映大多数人意志和促进人类幸福的工具。法律应该保障这一目的的完成，应该保持公正。而且，人们有义务去遵守作为社会契约的法律。同时，他们会去质疑那些损害人类权利和尊严的强制性的法律。第六阶段为普遍伦理取向，即个人根据其良心与价值观，建立了抽象的道德原则与普遍性信念。

科尔伯格的道德发展阶段模型主要反映的是个体道德认知由低级阶段向高级阶段发展的一般趋势，道德内容主要体现着以公正和民主为核心的思想。在中国，传统道德主要是以"孝"为核心；尚勤俭，戒奢侈；尚谦逊，戒浮躁。家教和尚贤是传统道德社会化的主要途径。家教从小就开始实施，注重习惯的培养，始于家庭，移于社会。尚贤是中国古代社会从春秋时期就开始倡导和实施的一项整治措施，是指国家提倡尊重贤人，推举、选拔、任用贤人，实行贤人治国，它对中国传统道德社会化有着不可忽视的影响。它对于明确社会成员的角色及其相应的权利义务和道德要求，利用社会舆论和奖惩措施实现社会尊师重教等起着重要的作用。

（二）政治社会化

政治社会化（political socialization）是个体逐步接受与获取被现有政治制度

所肯定和实行的政治行为取向与行为模式的发展过程，或者说是个体的政治态度和政治信念形成的过程。政治社会化是使自然人变成政治人的过程，其目的是通过培养和训练使个人成为遵守政府规定、服从国家法律、行使正当权利、承担应尽的义务、促进政治稳定的合格公民。政治社会化是一般社会化的核心，任何一个社会或政府都非常关注其成员政治社会化的程度，因为这关系到社会或政府的稳定、巩固与发展。因此，社会心理学、社会学、政治学均对此十分关注，其中心理学家比较注重人的政治意识形成的心理过程以及人的发展与政治行为之间的重要关系等。

国家意识或爱国情操的培养是公民的政治态度与政治意识发展的重要组成部分。心理学家海斯和托尼（Hess & Torney）在1967年曾对1.2万个美国小学生进行调查研究，发现儿童的国家意识依三个连续阶段逐渐发展。第一阶段为国家象征期，此时儿童以国旗、国歌或国家领袖为具体的国家象征，升国旗、唱国歌与悬挂领袖肖像是培养儿童国家意识的途径；第二阶段为抽象国家观念期，此时儿童以有关国家、政治群体的抽象观念作为爱国的根据，儿童通过他们自己或家庭所享有的公民权利、履行的社会责任、参加的各种社会活动来培养国家意识；第三阶段为国际组织系统期，即随着年龄增长，儿童逐渐知道世界由许多国家所组成，他们所在的国家是国际关系中的一员，其爱国观念扩展到自己所在国家在国际上所承担的职责。

当然，政治社会化的过程并不是单向的，而是双向的。个体在政治社会化的过程中会通过自己的主观能动性作用，整合社会的各种政治观点，接受社会的政治改造，同时反作用于社会政治，这也是政治社会的实质所在。

（三）法律社会化

法律社会化（legal socialization）是关于法律信仰的形成、法律准则规范的内部化及法律遵从行为等方面问题的社会化过程。关于法律社会化的研究最初是在政治社会化和道德社会化的研究领域里进行的。从前述道德社会化中，我们可以看出道德与法律之间的密切关系。从20世纪60年代末开始，法律社会化的研究才逐渐从这两个领域里分化出来。

美国心理学家塔普（J. Tapp）最先提出了"法律社会化"这一术语。从20世纪70年代初期开始，他对儿童和青少年的法律推理发展作了大量的研究，并得出了法律社会化发展的三阶段结论。第一阶段为先习俗阶段（pre – conventional stage），这个阶段关键在于服从，其特征为法律防止具体的身体伤害并被视作限制行动的要求、遵从避免惩罚的原则，而权力被看作最终的指针，法律被视为一成不变的；第二个阶段为习俗阶段（conventional stage），这个阶段关键在于维持规则，其特征为法律限制坏的行为、保护弱者、维持社会秩序，规则被视为促进社会秩序的整体系统，是行动的指南，而与法律规定相吻合的就是好的行为，法律只是在极端情况下才会被打破；第三个阶段为后习俗阶段（post‐conventional stage），这个阶段关键在于制定规则，其特征是人们被看作是自我调节和管理的，法律不同于道德原则，法律的功能是达到社会福利的理性目的，服从是基于理性决定并达到功利性目的，行动由正义感引导，法律可以因为使用目的或不公正而被改变。

继塔普之后，霍根（R. Hogan）也根据自己的研究得出了与前人相似的结论，认为法律社会化包括了对规则的遵从、对社会期望的敏感和对他人生活的关心以及观念的成熟等。在我国，李伟民应用自编的关于法律的态度量表及关于法律的两难问卷，考察了自小学到大学的不同年龄阶段学生的法律观念的发展，得出了和塔普相类似的发展模型；张积家、王惠萍（1996）做了相关青少年法律社会化问题的研究，将青少年法律意识的发展分为两个阶段，第一阶段为道德和情感定向阶段，这一阶段儿童法律观念还很模糊，法律判断受道德观念和个人情感影响较大；第二阶段为法律和理智定向阶段，这一时期的青少年已经对法律知识有了较多的了解，法律意识基本形成。

想一想

2-2 社会化的内容很多。除了道德社会化、政治社会化、法律社会化，还有民族社会化、宗教社会化等。在现实生活中，还有哪些内容对你很重要或者有吸引力？

第二节 社会化的影响因素

长期以来，人们关注和争论过对个体发展起决定作用的是人类的天生本性还是后天所处的社会文化环境。尽管这一争论至今尚无定论，但是人们已经开始认识到支配和影响个体行为发展的因素很多，而生物遗传因素以及社会文化环境因素是必不可少的，社会心理学就是从个人与社会的相互作用来研究个体行为发展的。

一、社会环境因素

毋庸置疑，遗传因素是人社会化的潜在基础和自然前提。从生物学的意义上讲，正是由于有一种由上代为下代提供的有利于人类从事社会活动的特殊遗传素质，才为人的社会化奠定了生物学上的基础。但是，仅有这种生物学的基础，人是不能完成社会化的，还需要一定的社会环境因素的作用。

（一）家庭

自有人类历史以来，最重要的社会化群体一直就是家庭，家庭中影响个体社会化的因素很多。由于父母与子女的关系是一种以情感为纽带的抚养关系，家庭及父母在促使儿童社会化中发挥着一种巨大的影响作用。各种家庭因素，诸如家庭结构、经济地位、父母的文化素养、家庭教养方式、家庭气氛等都不同程度地影响着儿童的社会化过程。首先，家庭气氛对儿童个性的形成有重要影响。气氛宁静而和谐的家庭，其成员之间互敬互爱、和睦相处，会使孩子感到安全愉快、生活乐观、信心十足、情绪安宁、待人和善。这是儿童顺利实现其社会化的最好条件。而气氛紧张的家庭，则使孩子经常在激烈的冲突、无休的争吵中生活，长期处于提心吊胆、极度不安的状态，容易形成忧郁、不信任感和情绪不安的个性特征。依恋是个体在生活中对某一特定人物的强烈情感联系。最初的依恋对象是母亲等自己的养育者。形成安全依恋的儿童可以把依恋对象作为安全基地，对周围的物理世界和社会环境进行积极而主动的探索。在现代社会，由于离婚率的上升、父母外出务工等导致的家庭结构的变化对子女的社会化带来消极和不良的影响。其次，家庭教养方式对儿童的影响是研究者和家长都非常关注的问题。家庭教养方式分为宠爱型、放任型、专制型和民主型。民主型的家长在充分理解孩子的各种需要和兴趣，尊重和满足其需求的同时又给予孩子有效的引导，对子女的社会化起到促进作用。

在儿童发展的早期，父母和家庭在孩子的生活中占据着主导地位，但是随着社会生活的扩展，开始面对着家庭以外的社会因素，家庭以外的社会化主体变得越来越重要。

（二）学校

学校是家庭以外的最主要的人类社会化主体。学校是有计划、有组织、有目的的向社会成员传授知识、技能、价值标准、社会规范的专门机构。当儿童进入学龄期以后，学校的影响逐渐上升到首要地位，成为最重要的社会化因素。

首先，学校作为一个重要的社会化机构，其首要作用是进行系统教育。除了传播各种知识、技能之外，学校提供的信息、概念和各种活动对培养学生的政治意识、政治态度也起着相当重要的作用。通过正规的学校教育，儿童获得其在该社会和文化传统中所需要的技能和态度。其次，学校的重要作用还表现在它具有独特的结构。儿童在入学以前，主要是与家人交往。步入学校后，儿童才真正初步接触到社会。因为每个学校实际上是一个微型的社会，有其独立的地位、亚文化、价值标准和规范等。儿童在这里扮演着学生、同学、朋友等社会角色，接受学校纪律的约束，学习各种规范。所有这些都为他们将来进入成人世界奠定了基础。此外，在学校的学习中，不仅有定期的学业成绩测评，还有在各种具体场合下来自教师和同学的评价，最终会影响每个人的自我评价。这些评价反映的是遵守规章制度、表现出自我控制、与他人友好相处以及服从指导等一系列规范和标准，潜移默化地影响着学生的行为方式。

（三）同伴群体

当儿童进入学校以后，他们就全面地暴露在另一个社会化主体——同伴群体（peer group）面前了。同伴群体是一个由地位、年龄、兴趣、爱好、价值观等大体相同或相近的人组成的关系亲密的非正式群体。在儿童时代，同伴群体的形成大部分是出于必然，比如在同一个班级等，而在今后的生活中个体将会有更多选择的空间。例如，随着个人的成长，个体的同伴群体一般就是他在学校里的同班同学及他邻近的同龄群体，而在成年以后其同伴群体一般以共同的兴趣、活动、收入、职业、阶层或社会地位为基础，而且此时同伴群体的年龄更有伸缩性。

同伴群体是一个独特而极其重要的社会化因素，尤其在个体进入青春期后，同伴群体的影响日趋重要，甚至在某些方面远远超过父母和家庭其他成员的影响。这与同伴群体的特点有关：①同伴群体是一种非正式群体，群体成员可以自由组合和自由选择，并在平等的基础上与同伴交往，这使其成员产生较高的心理认同感；②同伴群体成员之间在兴趣、爱好上相近，并根据自己的意愿来安排活动内容，极少带有强制的性质；③同伴群体有自己的一套行为规范、价值准则，而且成员之间共享着不同于成人世界的思想、情感和态度；④每个成员在群体中可自由充分地表现自己，彼此容易认可对方。同伴群体给儿童提供了一个新的活动天地和适合他们心理适应及发展的小环境，对儿童身份多样化的发展贡献很大。

在青春期，同伴群体对个体的社会化有着更加特殊的意义。这是因为这一时期的个体在身体和心理上都发生着急剧的变化，他们的自我意识在不断增强，有了想独立行事和摆脱成年人控制和支配的强烈愿望。他们的情感日益丰富，有着强烈的自尊心，但是因为自身能力和条件的局限，又害怕遭到外界的拒绝和失败。同伴群体的沟通和交流将有助于社会化的完善和健康人格的养成。

（四）大众传媒

大众传媒（mass media）指的是将信息传达给广大人群并对他们产生影响的传播方式，尤其是指报纸、杂志、电视、广播和网络等。美国学者波特（W. J. Potter）曾作过这样一个比喻："媒介传播效果对人的影响就像天气对人的影响一样，它无处不在，无时不有，且存在形式多种多样。"在现代社会，大众传媒在社会化过程中起到了极其重要的作用。在大众传媒出现之前，信息传递缓慢，主要依靠口头传达。大众传媒迅速地向人们提供有关社会事件和社会变革的信息，这些信息还包括各种不同的角色模式、行为规范和伦理价值等，对个体社会化起着潜移默化的作用。正因为这样，电视等大众传媒可以有效地帮助人们开阔视野，了解社会并增长知识，同时传递社会提倡的道德伦理价值和社会正能量，可以充分调动人们观察学习的机制进行广泛的社会学习。这些都是大众传媒在个体的社会化过程中起到的积极作用。

但是，大众传媒在社会化中的消极作用也引起了研究者们广泛的注意。布鲁默和豪斯（Blumer & Hauser, 1933）认为，电影直接影响到青少年的犯罪倾向和行为。20世纪50年代，沃尔森姆（F. Wertharn）出版了研究著作《诱惑纯洁的心灵》，这一研究得出的结论是，阅读漫画书可以导致青少年犯罪，漫画书的内容提供给儿童危险、扭曲的世界观，改变儿童对现实的看法。20世纪60年代，媒体暴力（media violence）的研究已经开始走向成熟。大多数研究者之间都形成一种共识，即电视暴力直接影响到青少年的侵犯行为与侵犯倾向。

另外，当今社会是一个高度信息化的时代，计算机网络作为一种特殊的大众传媒，以其特有的方式与丰富的内容向人们展示出一个全新的虚拟世界。网络所特有的广泛性、开放性与即时性对人们的教育、生活方式与价值观念产生了深刻影响，迅速拓展了原有社会化的环境空间。以计算机为媒介的沟通帮助人们克服了时间和空间的局限性，不仅改变了人们交流的形式，还改变了知识的共享形式。

2-2 有关媒体暴力的心理学实验

因此，在计算机网络时代，个体有可能更有效地学习相关领域的知识，掌握各种生活技能，又有了扮演各种社会角色的空间。但是，网络同样是一把双刃剑，它在积极改变人们社会生活方式的同时，也引起了人们对其消极影响的担忧。如，在网络中极其容易接近暴力与色情信息，沉溺在虚拟的世界而逃离现实世界，受到来自恐怖组织和黑社会组织的诱惑等。网络世界将如何发展，如何影响人们的生活方式，这是很多人持续关注的问题。

二、文化对社会化的影响

西方对文化的解释最早是从人类学开始的，后来，社会学和社会心理学也有解释。在人类学界，对文化最早的定义来自 19 世纪末英国人类学家泰勒（E. B. Tylor）。泰勒（1920）强调，文化或文明，从一般民族学的意义上看是一个复合的整体，包括知识、信仰、艺术、道德、法律、风俗，以及社会成员的每一分子所获得的一切技能和习性。在泰勒之后，文化人类学家林顿（Linton，1936）在《文化人类学入门》（Introduction of Cultural Anthropology）一书中把文化概括为社会的全部生活方式，还指出一种文化是习得的行为和各种行为结果的综合体，构成文化的各种要素是为一定社会成员所共有的。林顿（1936）认为文化既是行为模式，又通过行为结果表现在文化遗产中。而英国的文化人类学家马林诺夫斯基（Malinowski，1944）在《文化的科学理论》（The Scientific Theory of Culture）中认为，文化是完整的全部，其中包括具体物和无形的思想。本尼迪克特（Benedict，1934）在《文化的类型》（Patterns of Culture）中则直接把文化规定为类型，他认为一个文化正如一个人一样，文化是一种思想与行为都一致的类型或整体。通过以上的论述，我们可以看出，文化人类学把文化规定为人类行为的一种模式，一个思想与行为相一致的、完整的综合体。而在社会心理学中，我们所说的文化是一个广义的概念，它不仅包括文学、艺术、教育、科学等精神财富，而且包括社会的政治、经济、宗教、风俗、习惯、传统及生产力水平等，它是人们在长期的社会生活中凝聚起来的生活方式和行为方式的总体。

如前所述，社会化的过程可以说是濡化即文化化的过程，个体内化的就是群体和社会固有的行为方式和价值观等文化内容。各个社会的文化是社会整体性的产物。首先，文化具有普遍性和共享性，它一经产生就陶冶每一个社会成员，渗透在人们日常的生活中，成为社会环境背后一种深层的力量，深刻地影响着该文化模式中的个人和群体，使人们的思想、观念、心理、行为与生活实践自然地符合它的要求与准则。其次，文化是以象征符号为基础的，文化要传播需要一种浓缩了的表达方式，使之更容易为人们记忆和学习。最后，文化具有整合性，它是一个民族的历史产物，是联结和构建民族群体的社会纽带。

不同社会文化中的许多内容在带有普遍性的同时也具有自身的独特之处，正是这些独特之处对个体的社会化进而对不同民族成员的共同人格与社会行为起着决定性作用，它是一个民族的民族性格和民族心理的重要缔造者之一。文化常常通过某种方式和途径进入到民族成员的心理结构中，这就是文化的内化。个体将文化直接纳入自己的心理结构中，并调整和改变自己的心理结构，进而进入到民族成员的认知结构，形成某种特定的认知图式，从而表现出一定的民族心理。民族心理是受到文化的熏陶而形成的，民族性格则是文化积淀的结果。文化正是因为有了这种积淀、传承，才会在每个人的个性和每个民族的性格中打下烙印。

当然，文化并不是决定人们心理、性格以及行为方式等的唯一因素，文化虽然为人们营造了一种普遍的社会环境，对人们的社会思想和社会行为产生深远的影响，但是身在其中的人们依然各具特色。人的社会化、意识、人格及其社会角色等其实是在社会人文环境和物质环境中各种因素相互作用的结果。在这个过程中，不可避免地涉及一系列广泛的个人、群体和机构等，这些群体中最重要的和最有影响力者被称为社会化的主体。

第三节 社会角色

如前所述，社会化的内容包括人的观念、态度、行为规范等，而且涉及道德、政治、法律等多领域。社会化的内容并非零散存在，会与社会角色相对应且被系统化。人在不同的人生阶段社会化的任务不同，所担负的社会角色也不断发生变化。舞台小天地，天地大舞台。每个人在社会生活中都有自己的社会角色群，社会角色和人们如影随形。社会角色是人们实现社会化的重要途径。

一、社会角色的定义

角色（role）一词原是戏剧、电影术语，原意是指演员在戏剧舞台上或电影中依据剧本所扮演的某一特定的人物。戏剧或电影其实就是人类社会生活的缩影。美国社会学家米德（R. H. Mead）和人类学家林顿较早地把"角色"这个概念正式引入了社会心理学的研究，社会角色理论也就成为社会心理学理论中一个重要的组成部分。林顿（Linton，1936）指出，角色是地位的动力，是个体在社会中占有与他人地位相联系的一定地位，当个体根据他在社会中所处的地位而实现自己的权利和义务的时候，他就扮演着相应的角色。我国学者奚从清、俞国良分析了社会角色所包含的要素，并认为社会角色包含了角色扮演者、社会关系、社会地位、社会期望和行为模式五种要素，他们将社会角色定义为个人在社会关系体系中处于特定社会地位并符合社会要素的一套个人行为模式。台湾地区学者李常贵把社会角色定义为个人行动的规范、自我意识、认知世界、责任和义务等的社会行为，他认为社会角色不是个人自定的，而是社会命定的机能位置。

综上所述，社会角色包括三种主要含义：①社会角色是一套社会行为模式；②社会角色由人的社会地位和身份所决定；③社会角色是符合社会期望的，如社会规范、责任、义务等。因此，可以讲，社会角色是指个人与其社会地位、身份相一致的、符合社会期望的一套行为模式及相应的心理状态。

二、社会角色的分类

随着人本身的成长和发展，每个人在不同的阶段都要扮演不同的角色，这是人类生存的需要。同时，社会生活的多元化使同一社会生活阶段的个体也要同时扮演几种不同的角色。因此，每个人一生中所扮演的角色是纷繁复杂的，为了更好地把握各种不同的角色，我们还要对角色进行分类。

1. 根据角色存在形态的不同分为理想角色、领悟角色和实践角色。理想角色，也称期望角色，是指社会或团体对某一特定社会角色所设定的理想的规范和公认的行为模式，如教师应该为人师表，学生要认真学习等。理想角色可以是约定俗成的，表现于社会公德、社会习俗和社会传统等对人的各种要求和期待，反映着"应该如何"的社会观点，属于社会观念的形态。领悟角色，是个体对其所扮演的社会角色的行为模式的理解。个人对角色的领悟是遵从理想角色的，但是由于个体所处的客观环境与主观条件不同，对同一个角色的规范、行为模式的理解是不同的。例如，不同的学生对学生这一角色的领悟和理解是不同的。领悟角色属于个体观念形态。实践角色，是个体根据其对角色的理解而在执行角色规范的过程中所表现出来的实际行为。即使对角色有相同的理解，落实到行动时也未必相同。实践角色属于客观现实形态。在现实生活中，理想角色、领悟角色和实践角色三者之间不可能完全一致，必然存在着或多或少的差距，这种差距就是我们所说的角色差距。

2. 根据角色的取得是否经过角色扮演者主观的努力，我们可以把角色分为先赋角色和自致角色。先赋角色，指个人与生俱来或在成长过程中自然获得的角色，它通常建立在遗传、血缘等先天的或生物的基础之上。还有一些世袭制度下的身份是由社会规定的。总之，先赋角色一般不经过角色扮演者的努力而由先天因素或社会因素来决定。自致角色，指个人通过自己的努力和活动而获得的角色，体现了个人的自主选择性。在现代社会中，个体一生中扮演的多数角色都是自致角色，如个人选择的职业等。自致角色的获得需要具备相应的素质、才能。

3. 根据角色扮演者受角色规范的制约程度的不同，可将角色分为规定性角色和开放性角色。规定性角色，也称正式角色，是指角色扮演者的行为方式和规范都有明确的规定，角色不能按照自己的理解自行其是，如警察、法官、律师等即属此类。他们在正式场合下的言谈举止、责任、权利、义务以及办事的程序都有明确的规定，应该做什么和不应该做什么都必须按照规定办。规定性角色要求理想角色和实践角色是高度一致的。开放性角色，也称非正式角色，是指个人可以根据对自己地位和社会期望的理解，自由地履行角色行为，如父亲、朋友、非正式群体的自然领袖等都属于开放性角色。这类角色的角色行为者有很大的行为自由，有利于适应不断变化发展的社会生活。

规定性角色与开放性角色相比，责权明确，但是角色行为没有或只有有限的自由，不利于个体发挥主观能动性。开放性角色虽然有很大的行为自由，有利于适应不断发展变化的社会生活，但是如果其角色行为违背了理想角色，那么与开放性角色相对应的社会地位就会失去。

4. 根据角色的支配性、角色和角色之间的权力和地位关系，可以区分支配角色和受支配角色。德国社会学家达伦多夫（R. Dahrendorf）认为，只要人们聚在一起组成一个群体或社会，并在其中发生互动，则必然有一部分人拥有支配权，而另一部分人则被支配。具有支配他人权力的个体扮演的就是支配角色，而受他人支配的个体就扮演了受支配角色。在现实社会中，这两种角色具有下列特征。首先，在每一个受权力关系支配的群体内，扮演支配角色的人和扮演被支配角色的人必将形成针锋相对的非正式阵营，一般地说，承担支配角色的人总是极力维持现状以维护其既得的权力，而承担受支配角色的人必将设法改善受人约束和限制的现状以获得自己的权力。其次，这两种角色必然要建立符合自己利益的群体，各有自己的方针、计划和目标。总之，这两种角色始终处于动态的发展变化之中，一旦这种固有的权利和地位平衡遭到破坏，原有的角色就可能发生转换。

三、角色学习、扮演和冲突

（一）角色学习

角色学习（role learning）是角色扮演或角色实践的基础和前提，它包括两个方面：角色领悟和角色技能学习。

1. 角色领悟。角色领悟，是指个体在特定的社会关系中对自己所扮演的角色的认识、态度和情感的总和。个体对角色的认识和理解往往是按照他人的期望和反应来不断进行调整和完善，最终形成自己的角色观念。一般而言，角色领悟的内容包括四个方面。

（1）对角色地位的领悟。这是指个体对自己所处地位的认识。

（2）对角色义务的领悟。这是指个体对自己所应履行的角色义务职责的认识。每个人扮演一种角色，就要履行一定的权利和义务，角色义务观念集中地体现了角色的社会价值。

（3）对角色行为的领悟。这是指个体对自己所扮演的角色的行为模式的认识。任何角色都是按照不同的行为模式去行动的。如果角色扮演者不依照既定的模式去行为，就会发生角色混乱。

（4）对角色形象的领悟。这是指个人对自己所扮演的角色所应具有的思想、品格和风格方面的认识，也就是说在与别人的互动中，应以什么样的形象出现。

2. 角色技能学习。角色学习除了这些角色观念之外，还包括学习角色技能。大多数的角色技巧都是在社会化过程中通过学习得到的，它与人的生活经验和适当的训练分不开。一般而言，角色技巧分为认识技巧和运动技巧。当然，在现实生活的角色扮演中，认识技巧和运动技巧是不可分的。

认识技巧包括在与别人交往中根据得到的线索正确推断他人和自我的社会地位，进行准确角色定位，推断相应地位并予以恰当的角色扮演的能力。这种能力中的一个重要特征是能够识别他人角色行为反应中的细微差别，因为这些细微的差别常常是使我们做出正确推断的微妙线索。不同的人在某一社会情景内发现和辨别有关线索的能力有差异，而且根据这些线索做出正确推断的能力也有差异。要想提高这两方面的能力，即能够快速发现差异并做出正确的推断，需要训练角色技巧里的认识技巧。而在认识角色技巧中，移情能力尤为重要。移情能力是将自己置于他人地位的能力，这种能力不仅能够让我们按照他人的观点来看待事物，对他人的行为进行预测，增强自我预测他人行为的正确性，还能够让我们把主观情感移到交往对象身上，想象到他的内心世界和自我评价，从而能够理解别人。移情能力能够对角色扮演起到促进作用，有利于社会互动的顺利进行。

角色技巧的另一方面内容是运动技巧。我们知道任何角色的扮演都要求有适当的姿态、动作、面部表情和声调等运动反应。具有相当精确的控制能力和动作灵活敏捷对于成功地表现角色行为是很有必要的。在运动角色技巧方面，表意性功能非常重要，这是通过角色扮演者的动作、语言表情等一系列运动形式来说明想要表达的含义。这里，情感方面的表现最能体现角色的重要特征。

角色学习包含多方面的内容，对于个体是否能够成功扮演角色非常重要。但是我们要明确，角色学习和角色扮演并不是一个过程的两个阶段，两者往往是同时进行的。个体往往在角色扮演过程中来了解人们对角色的期待，领悟角色和学习应用角色技巧。同时，也根据这些认识到和了解到的信息来调整自己角色行为的实施方式和强度。总的说来，对于角色学习，我们可以从以下三个方面来把握。首先，角色学习是综合性学习，而不是零碎片段的学习，因为角色是根据它所处的地位而由各种行为方式组合起来的一个整体，任何零碎的、片段的角色学习都可能导致角色错位、角色混乱和角色冲突。其次，角色学习是在互动中进行的学习。没有相应的角色伴侣，没有参照个体或参照群体作为角色学习的榜样和楷模，也就很难体会角色的权利、义务和情感，因此角色学习是在社会交往活动中实现的。最后，角色学习是随着个人的角色的改变而进行的学习。在一个人的一生中，不断地随着自己本身和社会环境的变化而变换着自己的角色，这就需要不断地学习，以适应新的角色的要求。

（二）角色扮演

角色扮演（role playing），即角色实践。角色扮演是角色期待和角色领悟的发展，是个体按照其特定的地位和所处的情境实际表现出来的行为。

戈夫曼（E. Goffman）对角色扮演进行了具体而完整的论述。他从角色概念出发，提出"戏剧理论"，对社会与舞台进行了广泛的比较。他几乎把现实生活的情境完全比作戏剧表演，把社会成员看作是演员，着重研究角色行为的符号形式。他在自己的理论中引入了"观众""门面""前台""后台"等一系列舞台术语。如，"观众"是对角色扮演发生影响的其他人。戈夫曼的这种分析对于角色扮演显然具有较大的操作价值，但是舞台上的表演重视个体的主观能力并且有着明显的预知性，这离我们实际的生活情境存在距离，有可能造成对社会生活本质的歪曲。

成功的角色扮演，要求角色行为符合相对应的地位和情境。除此以外，以下三个方面对判断角色扮演的优劣非常重要。

1. 角色扮演的数量。一个角色扮演者在各种情况下能够成功扮演的角色越多，他应付社会生活中千变万化事物的能力就越强，生活也就越完美。反之，如果他所能扮演角色的数量很少，而且很不成熟，不切实际，那么他的应变能力就很差，社会生活就不会很顺畅。

2. 角色扮演者的介入。在角色扮演的过程中，角色扮演者进入角色的程度要适宜。所谓适宜，就是指角色扮演者介入的程度不可太强，也不可太弱。社会心理学家研究指出，在日常生活中，角色扮演过程中角色扮演者的介入程度一般都倾向于低程度。原因在于如果扮演所有的角色都尽最大的努力，行为效果就会降低。因此，个体在不同的角色扮演中，有机体的介入程度要适当，不能在任何时间、任何地点都完全介入，一般情况下应该是低程度的介入。

3. 角色扮演的时间。每个人扮演着多种角色，在不同的角色上花费的时间会不一样。这一指标是对不同的角色所花费的时间量的比较。这种衡量角色时间的比例关系主要是针对那些经过自己努力而获得的社会角色而言，如职业角色。如果一个男人在自己的职业方面发展很好，在事业发展过程中投入的精力和时间相对较少，即还有精力和时间可以投入到父亲的角色，我们就说这个人的角色扮演能力较强。

（三）角色冲突

人们扮演角色的过程并不是一帆风顺的，会产生矛盾、障碍，甚至遭遇失效等现象。这些现象可以称作角色失调。常见的角色失调有角色紧张、角色冲突、角色不清、角色中断和角色失败等。

1. 角色丛与角色紧张。每个人都处在错综复杂的社会关系网络之中，这就使人的角色有了多重性和复杂性。个体的角色总与他周围的其他人的角色联系在一起的。角色的多重性和复杂性要求人们同时扮演好几种角色，众多角色集中在一个人身上。这种情况被称为角色丛。默顿（R. K. Merton）认为，角色丛是指处在某一特定社会地位的人们相互之间所形成的各种角色关系的总和。例如，一位男士，在家中是儿子、丈夫、父亲，在工作单位是教师、研究者、同事等，这些角色集中在一个人身上，构成了一个角色丛。

在角色丛中，每个角色都有相应的一套行为规范，要求角色者去履行。但是人的时间和精力是有限的，往往会出现顾此失彼的现象。这就是所谓的角色紧张。角色紧张是多个角色同时对一个人提出各自的角色要求造成的。在一般情况下，角色紧张是不会发生的，一方面是因为多种角色不可能同时对一个人提出各自的要求，它们的不同要求在时间上是可以被划分出来的，如白天扮演的是职业角色，晚上和假日扮演家庭里的角色，只要妥善安排，就可以消除角色紧张。另一方面是因为每个人都有一些生活经验，学习和训练了角色技巧，很多人都能同时或先后成功地扮演多种角色。但是如果一个人参与的社会活动太多，超过了自己的精力和时间限度，那么角色紧张的状况就是不可避免的了。个体建立一套什么规模的角色丛，取决于社会地位、交往范围和个人能力等多种因素。一般而言，角色丛过于简单，则不利于适应社会生活，也不利于个人的充分发展，而角色丛过于庞大，则势必造成角色紧张。

想—想

2 - 3　请你回想自己昨天一天的行动轨迹，说出自己都扮演了哪些角色？不同的角色之间是如何联系起来的？

---

2. 角色冲突。角色冲突（role conflict），是指个体不能执行角色提出的要求

而引起冲突的情境。或者说，角色冲突是角色扮演者在角色扮演中出现的心理上、行为上的不适应、不协调的状态。

（1）角色冲突的种类。角色冲突有两种表现形式，即角色内冲突和角色间冲突。

角色内冲突，是指由于角色互动对象对同一角色抱有矛盾的角色期待而引起的冲突。导致角色内冲突的那些矛盾的角色期待，既可能来自不同类型的角色互动对象，也可出自于同一类型的角色互动对象。此外，导致角色内冲突的原因还可能是角色行为主体对规定的角色行为有不同的理解，但是还必须履行的情景下。这种冲突的结果，或者是违心地履行角色行为，或者是角色崩溃。

角色间冲突往往是由角色紧张造成的，主要表现在两个方面：①一个角色丛中的几个角色如果同时对其提出履行角色行为的要求时，就会发生角色间冲突。②当两个角色同时对一个人提出两种相反的角色行为要求时，也会引起角色间的冲突，这需要角色扮演者在这两种相反的角色行为之间做出痛苦的选择。

（2）角色冲突的原因。造成角色冲突的因素是复杂多变的，综合起来，大致有以下几个方面：

第一，角色准备不足。角色学习是一个连续的过程，早期的生活经验必然为今后的生活作了必要的准备。如果早期社会化不完善，没有充分的角色准备，那么个体在今后的社会生活中，遭遇角色冲突的可能性会很高。

第二，多重群体的社会化。在社会生活中，不同的群体所持有的标准、规范和价值观是不尽相同的。如果个体参与的社会群体过多，在不同群体的社会化过程中，必然会发生不同规则和价值观的冲突。

第三，角色人格与自然人格的冲突。每一个角色都需要一连串的特定人格特质，例如，外事工作人员需要很好的语言表达能力和沟通能力，要求做事稳重而又不失风趣幽默。这些角色所要求的人格特质如果与充当该角色的人员的人格特质不相符，如此人比较内向，不善沟通交际，那么也势必造成角色冲突。

第四，边际人的角色冲突。介于两种不同文化系统或两个不同社会群体边缘的人（即边际人），由于不同文化系统或社会团体在组织方式、信念、价值观等方面都有较大的区别，角色的扮演者很容易发生角色冲突，如城市移民群体一方面认同自己是城市人角色，一方面又认同自己仍为农村人角色，因此出现边际人的角色冲突。

（3）解决角色冲突的方法。不论是哪一类型的角色冲突，都会妨碍人们的正常生活。社会生活的多重性和复杂性决定了我们不能完全消除角色冲突，但是我们可以通过角色协调使角色冲突降至最低限度。不少心理学家研究了缓解角色冲突的方法，下面简单介绍几种。

第一，角色规范化。角色的规范化指对不同地位的角色的权利和义务作出较明确的规定，这是现代社会体系中保护角色和避免角色冲突的有效手段。经过规范化的角色，可以明确要求履行社会期待的角色，减少冲突的发生。

第二，角色合并法。当一个人同时持有两个以上角色并发生冲突时，将两个相矛盾的角色合二为一，发展为一个具有新观念的新角色。

第三，角色层次法。此方法是要求角色持有者将两个以上相互冲突的角色的价值进行分层，也就是将这些角色按其重要程度进行排列，然后选择对自己来讲是最重要的角色。此分类依据是按个人需要的结构和他人期待的重要程度而定的。

第四，角色地位变化法。当角色扮演者对本身所持有的角色不满意而且也不能接受本身角色的观念时，为了避免情绪上的反感和内心的矛盾冲突，可以采取更改角色地位的方法。

以上的这些具体方法在某种程度上能够缓解角色的冲突，但是要从根本上缓解角色的冲突，角色学习、技能的培养和训练非常关键。同时，我们也要努力协调统一角色互动对象们对角色的各种期望，营造合作的态度和氛围。

角色失调除了上面介绍的角色紧张、角色冲突以外，还有角色不清、角色中断及角色失败。角色不清是个体对其所扮演的角色认识不清楚，或者公众对社会变迁期间出现的新的角色认识不清，还没有形成对这一新角色的社会期待，也会造成角色不清。角色中断（role discontinuity），是指新角色与原有角色相抵触。为了进入新角色，我们就必须修改以前的期望。角色失败，是指角色承担者不得不退出舞台，放弃原有角色，这是最严重的角色失调，如工作不力被辞退的职员、离异的夫妻双方都属于角色失败。

复习题

1. 简述社会化的基本内容。
2. 举例说明什么叫再社会化。
3. 影响社会化的因素有哪些？
4. 什么叫先赋角色与自致角色？并举例说明。

5. 什么叫角色冲突？为什么会产生？

6. 角色冲突有哪几种类型？请举例说明。解决的办法有哪些？

参考文献

1. ［美］埃里克·B. 希雷、戴维·A. 利维：《跨文化心理学：批判性思维和当代的应用》，侯玉波等译，中国人民大学出版社 2013 年版。

2. ［苏］安德列耶娃：《社会心理学》，南开大学社会学系译，南开大学出版社 1984 年版。

3. 张德：《社会心理学》，劳动人事出版社 1990 年版。

4. 章志光：《社会心理学》，人民教育出版社 1996 年版。

5. 陈会昌、李伯黍："关于儿童对公私财物损坏的道德判断的研究"，载《心理学报》1982 年第 3 期。

6. 陈元晖："论濡化"，载《社会心理研究》1990 年第 1 期。

7. 罗毅："关于中国人道德感情社会化的一些历史资料"，载《社会心理研究》1992 年第 3 期。

8. 沈德灿："论个体的社会化"，载《北京教育学院学报》2005 年第 2 期。

9. 时蓉华：《社会心理学》，上海人民出版社 2002 年版。

10.（台）杨士隆：《犯罪心理学》，教育科学出版社 2002 年版。

11. 张积家、王惠萍："青少年法律意识发展的研究"，载《心理科学》1996 年第 4 期。

12. R. Redfield, R. Linto, M. J. Herskovits, "Memorandum on the study of acculturation", *American Anthropologist*, 38 (1936), pp. 149 ~ 152.

13. Wrightsman, Oskamp S., *Social Psychology*, Monterey: Brooks/cole publishing Company, 1977, p. 450.

第三章 自 我

3-1 如果让你猜一下：世界上独一无二的无价之宝是什么？你的答案会是什么？

答案是"我"，你猜对了吗？我们都知道，世界上没有相同的两片树叶。类似地，在全世界60多亿人口中，我们每个人都是各不相同、独一无二的；而且，生命是最宝贵的、是无价的。在这一章中，我们将要探讨与独一无二的"自我"有关的一些问题，如：

1. 个体是如何把"自己"从他物、他人中区别开来，知道了"谁是我"，即自我意识是如何产生、发展的。

2. 个体是如何形成对自己的认识与评价，知道了"我是怎样的人"，即探讨自我概念与自尊的问题。

3. 个体是如何表现自己，使别人知道了"我是一个不错的人"。

第一节 自我意识

如果你看过动画片《加菲猫》的话，也许还记得其中这样一组镜头：加菲猫对着镜子里的"另一只猫"做出各种各样滑稽可笑的动作，而令它惊讶不解的是，"另一只猫"会同一时间做着和它一模一样的动作。你可能一边忍俊不禁地看着，一边在说："看这只傻猫，连它自己都不认识！"是的，长大的我们确实能认出镜子中的"另一个人"就是我们自己的映像，可处于婴儿期的我们也会和加菲猫一样，意识不到镜子中的"自己"就是"我"。这就涉及自我意识的概念了，那么什么是自我意识呢？

一、自我意识的定义

首先，我们了解一下"意识"的含义。意识是指人的头脑对客观物质世界的觉察，如，一丛迎春花开了，如果我们觉察到了（如，有意地多看了几眼，甚至还有可能赞美道："真美啊！"），就说明我们意识到这丛迎春花的存在；如果我们匆匆而过，并没有注意到它的存在，那么我们就没有意识到它的存在。

类似地，自我意识（self consciousness）是人类所特有的一种重要的意识形式，即它的觉察对象是我们自己。简单而言，自我意识就是指个人对自己存在的觉察。如，当我们进入深度睡眠时，可能无法意识到自己的存在；而当我们在看书时，可能觉察到自己在看书，而不是其他人或物在看书。可见，我们有时能意识到自己的存在，有时意识不到。而且，自我意识的产生是以个体能够把自己与其他物或人区别开来为前提的，即个体必须要知道哪个人或物是自己；而个体把自己与他物、他人区分开来是需要一个过程的。

二、自我意识的发生与发展

自我意识的发生或形成主要有物—我分化、人—我分化和有关自我词的掌握三个标志。

（一）物—我分化

初生婴儿不知道自己身体的存在，其吮吸自己手指、触摸自己身体部位时就像吮吸、触摸别的东西一样。当婴儿感觉到两者的区别时，如吸自己的手指会疼，吸奶瓶不疼，婴儿就出现了物—我分化。

到1岁末时，幼儿开始能将自己的动作和动作的对象区别开来，幼儿也进一步知觉到他所做的动作是自己发动的，自己是活动的主体。例如，踢球，球会骨碌骨碌滚远了，而自己的脚却没跟着滚。于是，幼儿明白了脚是自己身体的一部分，不会离开自己的；而球不是自己身体的一部分，是可以被自己的脚踢跑的。

（二）人—我分化

人—我分化可分为两个发展阶段。一是对人微笑。3个月的婴儿开始出现对他人微笑，表明婴儿对他人发生了反应。二是从形象上区分他人和自己。婴儿认识他人的形象比认识自己的形象出现得更早。6个月以前的婴儿已能对不同的他人作出不同的反应，从镜中认识父母的形象。10个月时出现与镜中自我像玩耍的倾向，他们会对着映像微笑、发声，拍打、抚摸对方，还会到镜子后面去寻找那个并不存在的孩子（见图3-1）。1岁零8个月开始能区分同伴（包括从照片上区分），2岁零2个月的幼儿能准确认识镜中或照片上的自我形象，这标志着儿童出现了最初的（相对于他人的）自我意识。

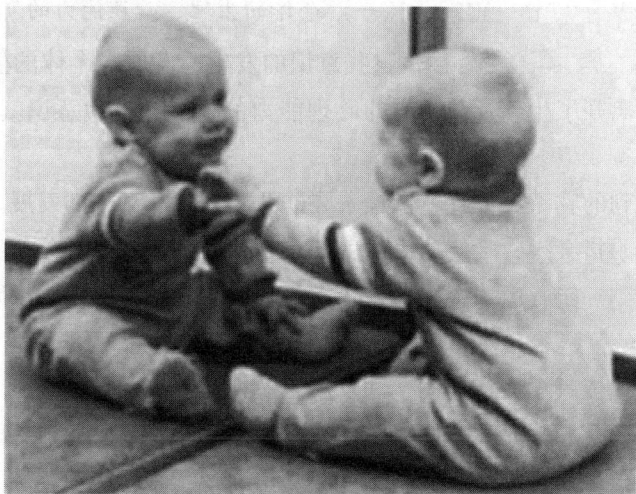

图3-1　婴儿在和镜子中自己的映像玩耍

（三）有关自我词的掌握

1岁以后，幼儿开始能将自己同表示自己的语词（名字）联系起来。例如，别人叫他"毛毛"，他能知道是叫自己。接着，他学会使用自己的名字代表自己，称自己为"毛毛"，同时发展起对自己躯体的认识和对自己身体感觉的意识，如会说："这是毛毛的鼻子""毛毛饿了"等。约在2岁末，幼儿开始能使用物主代词"我的"，直到最后能使用人称代词"我"。"我饿了"看似与"毛毛饿了"的回答只有一二字之差，但前者"我"的运用需要抽象和概括能力，即幼儿要明白"我"既可以指妈妈、爸爸、奶奶、爷爷等，也可以指自己。因此，"我"的掌握在儿童自我意识的形成上是一个质的变化。

总之，婴儿必须首先在自己和客观物体间作出区分，进而在自我和他人之间作出区分，知道了个人的皮肤所包围的部分就是自己，皮肤之外的就是他人或他物（但一些学者认为自我的边界存在文化差异，有兴趣者请扫二维码），并能灵活地运用"我"来指代自己，最终形成了对自我存在的意识。

3-1 自我边界的文化差异

三、自我意识发生、发展的条件

个体自我意识的发生、发展离不开个体生理、心理能力的发展以及个体与他人的互动。

（一）个体的生理、心理能力的发展

自我意识的发生、发展与个体的生理、心理能力密切相关，离开了生理及其相应的心理能力的发展，自我意识就不可能发生、发展。

上文所讲到的物—我分化就依赖于婴幼儿感知觉和动作的发展。如，婴儿感觉到吸自己的手指会疼，吸奶瓶不疼就依赖于相应的皮肤感觉分析器的成熟；婴幼儿动作发展到一定程度才会踢球，才有机会观察到球跑了、脚没跑，才能区分球和脚不同。

人—我分化依赖于注意的发生和发展以及视觉表象及其记忆能力的出现。研究表明，从3个月起婴儿才开始能稍微注意新奇事物，6个月才能比较稳定地短时注意事物，出现再认能力。而记忆能力的出现与增强才能使婴幼儿记住不同人的区别与特征，才能把自己与他人区分开来。

有关自我的词的掌握需要复杂的抽象、概括能力，而这又是以大脑皮质，尤其是语言区的成熟发展及其机能的更为复杂化为前提的。

综上所述，生理及其相应的心理能力的发展是自我意识发生、发展的前提。

（二）个体与他人的互动

生理的成熟和发展只是形成自我意识的前提，并不能必然保证自我意识的形成和发展。由此可见，自我意识的形成和发展还依赖于个体参与社会生活、与他人相互作用。例如，当孩子在找镜子后面的"小伙伴"时，如果妈妈陪在身边，就会说："不要找了，毛毛，镜子里的宝宝就是你自己。哦，对了，你不知道你自己长得什么样，但你看看眼前的妈妈，再看看镜子，妈妈也在镜子里吧。你看看镜子里的你，就知道你长得什么样了。看，短短的头发，圆圆的脸，大大的眼睛，小小的鼻子，多可爱呀！"可以想象，若有妈妈这样指点，孩子逐渐就会分辨出自己与他人。

第二节　自我概念

当个体把自己与他物、他人区别开来后，就会把自己当作和他物、他人一样的对象来观察、感知，从而知道了自己是高还是矮，是聪明还是愚笨，是外向还是内向……即形成了自我概念。自我概念（self‐concept，又叫自我认识，self‐knowledge）是指个体对自己所有特征的认识集合，它包括个体对自己的身体、社会角色、能力、性格等方面的认识。

一、自我概念的内容

> 想—想
>
> 3 – 2　请用 20 个以"我"开头的句子来回答"我是谁?"这一问题。
>
> 一、我＿＿＿＿＿＿＿＿＿＿＿＿＿＿＿＿＿＿＿＿＿。
>
> 二、我＿＿＿＿＿＿＿＿＿＿＿＿＿＿＿＿＿＿＿＿＿。
>
> 三、我＿＿＿＿＿＿＿＿＿＿＿＿＿＿＿＿＿＿＿＿＿。
>
> 四、我＿＿＿＿＿＿＿＿＿＿＿＿＿＿＿＿＿＿＿＿＿。
>
> ……

也许您会写"我是女生""我是一名学生""我是妈妈的乖女儿""我喜欢看书""我学习成绩很好""我不爱发脾气"……可见，个体对自己的认识是多方面的，不同的学者从不同的角度对自我概念进行过分类。下面只介绍常见的一种分类方法，即把自我概念分成生理（物质）自我、社会自我和心理自我。

（一）生理（物质）自我（material self）

即个体对自己躯体、性别、体形、容貌、年龄、健康状况、财物等生理、物质方面的认识。如"我长相一般""我身体很健康""我没多少钱"就是对生理（物质）自我的认识。

（二）社会自我（social self）

在宏观方面指个体对隶属于某一时代、国家、民族、阶层等的认识；在微观方面指对自己在群体及家庭中的角色、地位，受人尊敬、接纳的程度等的认识。如"我是中国人""我是一位母亲""我很有人缘"就是对社会自我的认识。

（三）心理自我（psychological self）

指个体对自己智能、兴趣、爱好、气质、性格诸方面心理特点的认识。如"我很聪明""我喜欢看大片""我很随和"就是对心理自我的认识。

生理（物质）自我、社会自我和心理自我既相互区别又相互联系，是个体自我概念的有机组成部分。

二、自我概念的形成与发展

自我概念是后天获得的，是个体在认知能力不断提高的过程中、在与他人的互动中逐渐形成与发展的。一般说来，自我概念随着个体年龄的增长不断地增加维度，而且自我概念的维度会根据个体面临的主要生活任务而变化。如，对小学生而言，主要任务是以学习为主，对自己的认识也主要是有关学习能力与成绩方面的；对于成年人，工作与家庭变得重要起来，对自己的认识就会涉及工作的能力、与领导的关系、夫妻关系、亲子关系等方面的内容。

一般而言，一个人对自己的认识可以通过下面四个主要渠道逐渐形成与发展。

（一）重要他人的评价

俗话说"旁观者清，当局者迷"。他人的评价是客观认识自己的一面镜子，可以帮助自己了解"现实自我"的形象，知道自己在别人心目中所处的地位。如，学生可以通过竞赛评比、表扬与批评、学习成绩报告单等途径获得他人的评价，也可以通过相互交谈等获得别人的评价，这些评价都可能对学生的自我认识产生影响。

我们很多有关自己的信息都来源于他人，尤其是我们信任的、敬佩的、对我们很重要的他人，如父母、老师、同伴、领导等。个体最早的社会环境是家庭，家庭对个体自我概念的形成、发展起着关键性作用。许多研究者认为，儿童对自己的看法是他们父母如何看待他们的反映，因为在这一过程中，父母属于"重要他人"，是文化的传递者，通过对儿童行为的奖惩来影响其自我概念的形成。

经常受到父母肯定奖赏的儿童倾向于形成肯定的自我；相反，苛刻的父母所给予的否定评价则易使儿童形成否定的自我。上学以后，老师、同伴可能成为个体的"重要他人"，他们的评价对个体自我概念的形成具有重要作用。如，国内学者研究发现，小学三年级以上的学生已经形成十分清晰的自我概念，他们对自己多方面的认识都高度接近教师与同伴对他们所作的评价，与他们的实际状况也具有高度的一致性。工作以后，单位的领导、同事可能成为个体的"重要他人"，从而对个体的自我认识产生重要的影响。

总之，在我们成长的过程中，很多人会对我们的品质、能力、性格等给予评价，从而增加了我们对自己的了解。如，当父母告诉我们不要害羞、老师告诉我们在数学上要更加努力时，我们就会知道自己是一个害羞的人、数学成绩不好的人。特别是当许多人对自己的看法都一致时，我们就会相信这种看法是真的，从而确信自己就是这样的人。

（二）他人的态度与反应

有时，他人，特别是与我们无关系的人，并不会给予我们清晰的反馈与评价，但我们可以从他们对我们的态度（如冷淡、瞧不起）及反应（如拒绝）来了解自己。如，我们去商场准备买一双鞋，想让售货员拿一双试试。而售货员却围着一位时髦的小姐转，干脆不理我们。那么我们就会想：在售货员眼中，我们一定是没有钱的穷学生，买不起那双鞋，所以不理我们；而我们就可能对自己形成这样的认识：我们是穷酸的学生。

早在 1902 年，心理学家库利（Cooley）就提出了"镜中我"（looking - glass self）这一概念。他认为，我们感知自己就像别人感知我们一样，镜子中的我或别人眼中的我就是我们感知的对象。所以，我们常根据别人如何对待我们来了解自己、认识自己。

（三）个体的行为与表现

个体对自己的认识毕竟要以自己的特征、行为及表现为客观基础；尤其是性格、态度、品质、爱好等心理特征，常常需要人们根据自己的外在行为与表现来推断。如当一个人常去打篮球的话，就会认为自己喜欢打篮球；当一个人从未和同学闹过矛盾，就会认为自己是一位随和的人；当一名学生考试全班第一时，就会认为自己的学习能力很强。

（四）社会比较

我们对自己的认识常是通过比较进行的：当别人不漂亮时我们就觉得自己美丽；当别人愚笨时就觉得自己聪明；当别人冷漠时就觉得自己善良。社会比较（social comparison）指通过将自己与他人比较以获取有关自我的重要信息的过程。

费斯汀格（Festinger，1954）提出的"社会比较过程理论"认为，当个体为了准确地对自己进行认知评价或失去判断的客观标准时，往往同社会上与自己地位、职业、年龄等相类似的人进行对比。例如，当学生做作业遇到困难时，常常通过了解其他同学做作业的情况以确定是老师未讲清、作业题太难，还是自己能力太差。

目前，费斯汀格的理论已被扩展。如，伍德（Wood，1989）把社会比较的动机概括为准确的自我评价、自我美化（self - enhancement）、自我保护（self - protection）与自我提高（self - improvement）四种；把社会比较的方式分为向上比较（upward comparison）、相似比较（similar comparison）与向下比较（downward comparison）三种。

很多研究已表明，当个体的目的与动机不同时，所采用的社会比较策略、方式也不同。如自我美化的动机使个体倾向于与不如自己幸运、成功、幸福的人比较，即向下比较，以证明自己还不错。自我提高的动机常驱使人们与更成功的人比较，即向上比较，以激励自己更上一层楼。

我们从以上各个渠道获得的对自我的认识还是零零碎碎的片断，还需要我们对它们进行加工，如去除不一致的、互相矛盾的信息，挑选出对我们重要的、核心的特质，如好心肠的、能干的，然后把这些片断整合成统一的、稳定的有机体——自我概念。而形成后的自我概念就会对个体的心理与行为等发生重要的作用。

三、自我概念的作用

自我概念一旦形成，即人们已认同了自己是什么样的人，就不会轻易变化，也就是说，自我倾向于保持同一性。另外，个体对自己的认识非常重要，它不仅影响着个体对信息的接收、解释，还影响着个体的期望及行为。

（一）自我概念影响对信息的接收

人们会自觉或不自觉地乐于接受与自我概念相符合的信息，拒绝与自我概念相矛盾的信息，从而使自我概念保持一致。如，当一个认为自己有美术天赋的先生听到甲说他画得不好、乙说他画得很好时，他可能认为甲外行而不相信甲的评价，相反，他认为乙是慧眼识英雄的伯乐。这样，他仍会认为自己是一个有画画才能的人。当然，自我概念也不是绝对不能变化的，如，当美术界的多位权威都认为这位先生画得不好时，他就会改变自己原有的想法了。

（二）自我概念影响个体对信息的解释

在生活中我们可能会遇到同样的事件，但每个人对事件的解释却不尽相同。原因之一就是人们的自我概念不全相同，从而决定了人们解释事件的方式也不同。如，一个认为自己很聪明的学生常把学业上的成功归于自己的能力强；相反，一个认为自己很笨的学生如果考了高分，可能更倾向于把原因归于考试太容易或自己这次的运气好。

（三）自我概念影响个体对自己的期望

在生活中，人们常根据自己的实际情况来设定对未来的期望，树立自己要达到的目标。而个体的自我概念会影响对自己的期望水平。如一个认为自己很聪明、很勤奋、学习方法得当的高中生就可能给自己设立考上一流大学的目标；而一个认为自己不太聪明、学习又不太得法的高中生可能期望自己考上大专就行。而期望水平的高低又进一步影响着人们朝向目标前进的努力程度及行为方式。

（四）自我概念引导个体的行为

一个人对自己的认识不仅来源于他/她的行为，反过来，又会引导他/她的行为，即个体常常按照与自我概念相符的方式行动。如，一个认为自己是很善良、很热心的人在生活中常常会帮助别人，如果他/她看见别人有困难了而自己却没伸出援助之手，那么他/她就可能会内疚、自责。

总之，个体的自我概念对人们的学业、工作、生活等诸多方面都会产生重要的影响。

第三节　自　尊

个体在对自己的方方面面形成认识，即自我概念的同时，也会在此基础上形成对自己的整体评价，即自尊。下文将分别介绍自尊的定义、影响自尊的因素及提升自尊的方法。

一、自尊的定义

自尊（self – esteem）是个体对自己的整体评价，它反映了个体对自己是否满意。如，一个人认为自己一无是处，那么他/她的自尊水平就很低。通过测量自尊的题目可以使我们更好地理解自尊的概念，自尊是如何测量的见想一想 3 – 3。

想—想

3 – 3 自尊水平的高低该如何测呢？请见下文。

你是否同意下列这些说法？请在每题后的 4 个选项中选出最代表你的想法的那个数字，并在上面画√。

题目	非常 不同意	不同 意	同意	非常 同意
1. 我认为自己是个有价值的人，至少与别人不相上下。	1	2	3	4
2. 我觉得我有许多优点。	1	2	3	4
3. 总的来看，我认为自己是一个失败者。	1	2	3	4
4. 我可以做得和大多数人一样好。	1	2	3	4
5. 我觉得自己没有什么可以值得自豪的地方。	1	2	3	4
6. 我对自己的评价还不错。	1	2	3	4
7. 有时，我感到自己很没用。	1	2	3	4
8. 整体而言，我对自己感到满意。	1	2	3	4
9. 我要是能更看得起自己就好了。	1	2	3	4
10. 我有时认为自己一无是处。	1	2	3	4

其中 3、5、7、9、10 要反向计分，然后把各题得分加起来。

引自：M. Rosenberg, *Society and the adolescent self – image*, Princeton, NJ: Princeton University Press, 1965.

至于自我概念与自尊的关系，前者是后者形成的基础，即通过对自己的认识产生对自己不同的评价；反过来，对自己的正负性评价也会影响甚至歪曲对自己的认识与看法。两者的区别在于自我概念关注的是对自己的认识、看法，其中的认识有好、有坏，也有中性的（如我个子不高）。自尊关注的是对自己的整体评价，关注的是对自己的情感（满不满意），正负性更明显些，主观性也更强些。

二、影响自尊的因素

就像我们利用多种信息来构建自我概念一样，我们也根据多种信息来评价自己，从而形成不同水平的自尊。总的说来，一个人自尊的高低主要受下面三种信息的影响。

（一）生活中的成败经验

成功常使我们感觉不错，信心倍增，从而形成高自尊；失败，如考试不及格、老师的责备、被异性拒绝、找不到工作等常使我们信心全无，从而形成低自尊。在生活中我们常有这方面的体会，在此就不加赘言。

（二）社会比较得来的信息

与自我概念一样，社会比较也会影响自尊的高低。我们有许多人可能有这种不幸的经历：当我们参加一次演讲比赛、歌舞表演等的时候，在我们前一个出场的人表现非常好，这种无法逃避的比较常使我们嫉妒、怨恨，甚至导致自尊的降低。莫尔斯与格根（Morse & Gergen，1970）曾做了一项有关社会比较如何影响自尊的研究。在大学的研究中心，来应聘助研的被试遇见了另外一个申请者，其实他的真实身份是主试的同伙。这位同伙或者是西装革履、潇洒深沉、满有学问的样子（称之为洁先生），或者是不修边幅、慌慌乱乱、冷冷漠漠的样子（称为脏先生）。让被试在见到洁先生或脏先生的前与后分别填写测量自尊的问卷。结果发现，当他们见到自己的对手是洁先生后，自尊降低；当见到自己的对手是脏先生后，他们的自尊反而提升了。

可见，与他人的比较会影响我们对自己的评价。若比较的他人比自己强，个体对自己的评价即自尊不仅会下降，还可能会产生嫉妒，甚至做出伤害他人的行为。如，在《三国演义》中，有一名将周瑜，才智过人，但嫉妒心极重，容不下与他才智相当的诸葛亮，欲除之而后快，费尽心机，想尽办法，不料却"赔了夫人又折兵"，气得长叹"既生瑜，何生亮"，"金疮迸裂"而亡。在现代生活中，这类例子也比比皆是。如：

> 2004年12月14日中午，扬州大学医学院副教授贡某被当地警方拘捕。警方查明，贡某正是武某博士离奇中毒案的始作俑者。据了解，贡某只是因为嫉妒年纪比自己小、职位比自己高的武某，遂在其饮料中投入只需六七克就足以使人毙命的化学药剂秋水仙碱，这位年轻的博士几乎所有内脏均遭到严重损坏。

嫉妒心强的人心胸狭窄，不能容忍旁人超过自己，对比自己强或优秀的人，心怀醋意、讽刺、挖苦，甚至造谣、中伤、打击，将时间、精力和才智浪费在与人计较、攻击或伤害他人的无益行动中，其结果是既损人又害己。有嫉妒心未必是坏事，嫉妒心人皆有之，但不能过，过之则害人害己。若将嫉妒心升华为竞争心，将其引导到正常竞争之中，则会成为动力。

（三）自己的内部标准

在生活中，我们会发现有些人在我们看来已经很成功了，可他们仍觉得自己还不够好。可见，一个人对自己的评价、对自己是否满意与他/她为自己设立的内部标准有关。

根据希金斯（Higgins，1987）的自我差距理论（self-discrepancy theory），个体有两种内在的标准：理想的自我（the ideal self）与应该的自我（the ought self）。前者是指我们想成为的人，它激励我们实现我们的抱负；后者是指我们觉得自己应该成为的人，它引导我们尽职、尽责、尽义务。当实际的自我（actual self）与理想的自我或应该的自我产生差距时，个体产生负性的情绪，如失望、悲伤与内疚、不安，并导致自尊的降低。

三、提升自尊的方法——自我美化

认为自己是有魅力的、有能力的、高尚的，是大多数人都有的一种强烈的需要。为了让自己维持良好的感觉，是歪曲世界还是真实反映世界？当人们面临这两种选择时常常选择前者。为了面子或自尊，人们常常以一种有利于对自己作正面评价的方式收集和解释有关自我的信息，使个体的自尊得以建立或受到提升，这一过程就叫自我美化（self enhancement，也有人译作自我增强）。人们常用的进行自我美化的方法如下：

（一）向下的社会比较

当个体既定的目标落空时，向上的和与自己类似的人的比较就会大大挫伤其自尊心，这时个体就转而进行向下的社会比较。向下的社会比较可以避免自信心的降低和妒忌心的上升。当个体无法进行向下的社会比较时，为对付社会比较的痛苦，常常会贬低他人的能力或品性。

（二）选择性遗忘

当回忆的事件有损于个体的自尊时，常常出现对回忆事件的选择性遗忘。个体对消极事件（除车祸和葬礼等），尤其是失败事件比对积极、成功的事件遗忘得更快。值得注意的是，虽然遗忘失败或缺陷可以使自我得到保护，但当个体相信自己随时间推移而有所进步时，却常常记起失败或缺陷。例如，希望自己苗条而未达目的的姑娘可能会说："我虽然还不苗条，但比过去瘦多了。"

（三）有选择地接受反馈

当行为结果的评价性反馈有损于或有利于自尊时，个体常常有选择地接受反馈信息。人们趋向于贬低消极的、否定的反馈评价的可靠性，而夸大积极的、肯定的反馈评价的可靠性，常常全盘接受积极评价的反馈信息，而拒绝接受消极评价的反馈信息。

（四）缺陷补偿

个体在充当社会角色时，不可能事事成功，当自我在某一领域失败时，常常可能会用另一领域的成功来补偿自己在某一领域的失败。如一位事业不成功的女性会用找个成功的老公来安慰自己："干得好不如嫁得好！"

（五）自我服务性归因

自我服务性归因是指人们把功劳归于自己、把失败归于外因的倾向。即通过强调个体对积极的合乎期望的好结果的作用，缩小对消极的不合乎期望的坏结果的责任来保护自尊。例如，考试失败者强调试题难度和考场上的运气，而成功者却强调自己的能力和高水平的成就动机；考试作弊者强调客观环境压力，而未作弊者强调自己的道德品质；当决策导致坏结果时，人们总是强调环境所迫、没有选择余地，而得到好结果时却强调决策的英明。

（六）自我设障

自我设障（self – handicapping）指人们感到失败不可避免时积极地搜寻，乃至制造影响其成效的不利因素的过程。尽管个体常常将失败归于外因，但有时也积极主动、预先设置障碍，以其作为后来失败的归因，达到保护自尊的目的。例如，赛期临近而恐惧比赛的运动员可能蓄意中断训练，以便能在失败时将失败归于缺少训练，而非自己的能力，从而可以保护自己的自尊与形象；万一成功了，更觉得自己有实力。这种做法常是不理性的、不客观的，不管结果如何，人们都应该尽自己最大的努力去准备，这样才能无憾。

四、形成较准确的自我评价

自尊是个体行为的主要动力，是心身健康的决定因素。研究表明：自尊过高或者过高地评估自己的长处和优点的人，容易妄自尊大，自以为是。由于其过高的自负和自傲，常听不进别人的意见和建议，不易被周围环境和他人所接受与认可；且一旦遇到一点点挫折，就会遭到沉痛的打击，很难调整、把握自己。而自尊过低的人会看不起自己，对自己没有信心，在社会生活中表现出胆怯、退缩，担心不被他人尊重，对他人的评价异常敏感，为了避免受到进一步的心理伤害，尽量不与人接触，把自己封闭起来；在学习工作中常选择不切实际的目标或不树立目标，对未来持悲观的态度。极端低自尊的人会认为自己活着没有价值、没有意义，所以很多自杀的人在自杀前有自尊降低和丧失的情况。

可见，自尊过高与过低都不好，而形成较准确、客观的自我评价才是促进个体健康发展的有效途径。那么如何形成较准确的自我评价呢？

（一）全面地看待自己的优缺点与成败

要明白"尺有所短、寸有所长"的道理，即没有十全十美的人，每个人都既有长处又有弱点；人既不会事事行，也不会事事不行。这样，自负的人就会找到自己的不足，自卑的人也会找到自己的长处，从而达到调整自我评价，准确地定位自我的目的。

（二）多角度的评价自我

积极地获取各个方面的信息，进行分析、综合，如把同学、老师、父母等对自己的评价综合起来分析。对于自我评价过高的人，就有意识地选择接收那些对自己消极否定的评价；对于过分自卑的人，就有意识地选择接收那些对自己积极肯定的评价；这样，无论自傲还是自卑的人都会对自己有一个较准确、客观的认识与评价。

另外，要多角度地进行比较，如既可进行纵向比较——将现实的自我与过去的自我、理想的自我进行比较，也可进行横向比较——和比自己优秀的、相似的及比自己稍差的人比较。如，对于自我评价过高的人可以有意识地选择与比自己更优秀、更成功的人比较，以发现自己的差距，并借鉴他们的经验与长处，激励自己更上一层楼。对于那些过于自卑的人，可以有意识地做向下的比较，即与不太幸运、成功的人比较，以维护自尊；还有一种策略就是把自己与成功的人的距离拉大，使自己与他们的相似性降低，把与他们的联系割断，因我们常与自己熟悉的、有关系的、相似的人比较，而很少与和自己无关的、不相似的人比较。所以，在现实生活中，我们常发现这样的事：当同班的一个学生考上了名牌大学，甲却名落孙山时，甲可能会说，"他家条件多好啊，我哪能跟他比啊"。甲所使用的策略就是降低他与另一个同学（这一点是相似之处，在同一班级，同样的老师教）的相似之处而强调二者的差异（家庭条件不同），从而把他排除在比较对象之外，进而避免了自尊的降低。

（三）确立适当的目标与期望

前文已提过，当实际的自我与理想的自我差距太大时，个体的自尊就可能下降。也就是说，当个体对自己的期望过高时，就有可能遭到失败与挫折的打击。若个体还没觉察到自己设的期望过高，那么就会而影响到个体对自己能力等方面的评价。所以，个体可以把远大的理想分成多个具体的小目标，一步一步地加以实现。

第四节　自我表现

在社会化的过程中，家长、老师及大众传媒等都在教育个体要成为有能力、有道德的社会成员（参见第二章社会化）；而且，在本章的第二节中我们已介绍过，个体对自己的认识，即自我概念来源于重要他人的评价；所以，大多数人在很多时候都很想通过自我表现给别人留下一个好印象。例如，有的竞选者为取悦选民、提高其吸引力，会扬长避短地进行自我宣传，强调成绩而隐瞒失误。毕竟他人对我们有好的评价对自己事业、婚姻的成功等都能起到关键的作用，进而影响着我们生活的好坏及幸福与否。在下文中，我们将介绍自我表现的定义、影响因素及其作用。

一、自我表现的定义

自我表现（self presentation）指个体通过自己社会行为的显示以形成、维持、加强或澄清他人对自己的印象的过程。这里的"形成"是让陌生人第一次产生对自己的印象；"维持"是让他人对自己已产生的好印象继续保持下去；"加强"是锦上添花，让别人对自己的印象好上加好；"澄清"是当个体认为他人对自己形成了错误印象时，努力地改变他人对自己的不良印象。

二、自我表现的影响因素

我们并不是无时无刻都顾忌别人如何看我们的，也不是和谁交往我们的表现方式都一样的。也就是说，是否自我表现及如何自我表现受很多因素影响。

（一）个体所处的场合影响自我表现

我们都知道，演员的行为在前台与后台是不一样的。前台是表演给观众看的场合；后台是演员化妆与休息的场合，是不希望观众看到的地方。类似地，在生活中，我们的行为也会依据场合的不同而有所不同，有的场合是需要我们进行自我表现的，有的场合是不需要的。例如，在学习、工作及社交的场合，我们会更注意自己在别人眼中的形象，穿着、言谈、举止等都会更有礼貌、更有修养；而在自己的家里，我们在穿着、言谈、举止等方面就会更随意些。又如，在颁奖典礼上，获奖人会感谢他人的支持与帮助，但私下里却可能说："哼，要是没有我，那部片子能有那么高的票房吗？"举止言谈谦逊是中国人营造好印象的常用策略。

另外，不同的场合对人的行为要求也可能是不同的，能够获得别人赞许的表现行为也可能是不同的。例如，在大学生辩论会上，要求辩论员表现得言辞犀利、据理力争；但在同学的聚会上，却要求表现得宽容体贴、幽默风趣。

（二）个体的交往对象影响自我表现

在不同的场合，我们可能遇到不同的人；即使在同一场合，我们遇到的人也是千差万别的，而我们在不同的人面前所表现的行为是不一样的。例如，一位男领导与同事打交道时强硬、霸道，但在老婆面前却非常温柔体贴，是有名的"妻管炎"。格根和威什诺夫（Gergen & Wishnov, 1965）让一些被试描述自己是什么样的人。一个月后，安排这些被试与另外一些人见面。那些人先介绍自己，其中一半人表现得很自负，另一半人表现得很谦逊（是研究者事先安排好让他们怎么说的）；然后再让蒙在鼓里的被试介绍自己。比较被试两次关于自己的描述（一个月前与后）发现：与自负的对象交谈的被试，其第二次的自我描述比一个月前的描述更积极、叙述的优点更多；与谦逊的对象交谈的被试，其第二次的自我描述与一个月前的描述相比，叙述的优点减少了、缺点增加了。也就是说，和自负的人交往，我们也会表现得较自负；与谦逊的人互动，我们也会表现的较谦虚。可见，人们会根据交往对象的不同去调整自我表现的方式。

虽然人们一般都会根据不同的场合与不同的交往对象表现出不同的行为，但有的人不善于自我表现，他们不看重情境与他人的影响，他们关心的是如何保持自身的一致性，表达的是自己的真实态度与感受。而有的人则善于自我表现，他们关心的是如何与情境保持一致，能根据场合和他人的需要来调节自己的行为。

三、自我表现对社会互动的意义

多数社会心理学家认为，自我表现无所谓好坏。尽管有时自我表现被用作哄骗他人的策略性手段，但它对社会互动是很重要的；没有它，我们难以形成对周围人的印象，难以向他人建立自己的公开形象，也难以平息一些能引起人际冲突的风波。例如，在很挤的公交车上，当别人踩了你一脚说声"对不起"时，你虽然心里很生气，但为了给别人留下宽容大度、有修养的好形象，你可能会回答："没关系"。这样，两人都相安无事。如果你不在乎别人怎么看你，心里有气就发出来，那么你的回答可能就是指责了："没长眼睛啊，你!"对方也许也会不甘示弱地反击，那么一场唇枪舌战就不可避免了。可见，自我表现不都是虚伪，它可能是社会互动的润滑剂，是个人修养的量尺。不过，在一般情况下，自我表现的痕迹不要太明显，否则效果适得其反。

复习题

1. 名词解释：自我概念　自尊　自我表现　自我美化
2. 自我意识发生发展的三个标志是什么？
3. 自我概念包含哪几方面的内容？

4. 自我概念是如何形成的？

5. 结合自己的情况，谈谈自我概念的作用有哪些。

6. 影响自尊的因素有哪些？

7. 如何形成较准确的自我评价？

参考文献

1. ［美］戴维·迈尔斯：《社会心理学》，侯玉波、乐国安、张智勇等译，人民邮电出版社 2006 年版。

2. 全国 13 所高等院校《社会心理学》编写组：《社会心理学》，南开大学出版社 2008 年版。

3. 沙莲香主编：《社会心理学》，中国人民大学出版社 2006 年版。

4. 王登峰、崔红主编：《心理卫生学》，高等教育出版社 2003 年版。

5. 乐国安主编：《社会心理学教程》，中央广播电视大学出版社 2010 年版。

6. 章志光主编：《社会心理学》，人民教育出版社 1996 年版。

第四章　社会认知

　　试着想象一下，假如你参加了八分钟相亲活动，你会在这有限的时间内想得到对方哪些方面的信息？你又是如何得到这些方面的信息的？八分钟结束时，你对他/她形成了怎样的印象？在本章中我们除了概要地介绍社会认知的定义、特征、影响因素外，还重点探讨印象形成的过程、规律以及印象的作用；另外，我们也将阐述人们是怎样对事件及成败进行归因的。

图4－1　八分钟相亲活动

第一节　社会认知的概述

社会知觉（social perception）最初由美国心理学家布鲁纳（Bruner）于 1947 年提出。随着社会心理学对人际知觉领域研究热潮的兴起，社会知觉概念被等同于人际知觉（interpersonal perception），指关于他人或自我所具有的各种特征的整体反映，其结果即形成关于他人或自我的印象（注：个体对自我的感知在上一章已讲过，在本章中主要介绍个体对他人的感知）。20 世纪 60 年代后，随着认知心理学的兴起及其对社会心理学的影响，社会知觉常被社会认知（social cognitive）一词所取代。

一、社会认知的定义

社会认知指的是个体通过人际交往，根据认知对象的外在特征，推测与判断其内在属性的过程。"外在特征"包括可被他人感知到的（如看到或听到的）外在特征，如一个人的高矮、胖瘦、衣着、相貌，他/她所说的话，所做的事等；"内在属性"包括不能被他人直接、明确感知到的内在特点，如个体的意图、能力、情绪、性格、品质等。正因为人的内在属性不易直接观察，所以才需根据可被感知到的外在特征来推测与判断。例如，人们常通过观察他人的面部表情来推断他人的情绪。

从上述定义来看，社会认知是一个由表及里的动态过程。最初，认知者只能接收到有关知觉对象外部特征的信息，在这个基础上，认知者可以推测、判断知觉对象的内在属性。可见，社会认知的范围既包括认知对象的外在特征，也包括其内在属性。

二、社会认知的特征

作为知觉的一种特殊形态，即以人为对象的知觉，社会认知服从于一般知觉所具有的普遍规律性，又具有一般知觉所不具有的特点。

（一）选择性

我们每个人都要经常面临很多外界的刺激，但我们只会选择注意某一部分的刺激信息，忽略或逃避其他信息。一方面，人们会根据自己的需要选择注意哪些信息，如，在应聘会场，主考官可能只对坐在对面的应聘者感兴趣，而对来回端茶送水的会议秘书视而不见。另一方面，刺激的强度也影响着认知者。一般说来，刺激量越大，越易引起认知者的注意，而微弱的刺激作用则可能使人毫无知觉。

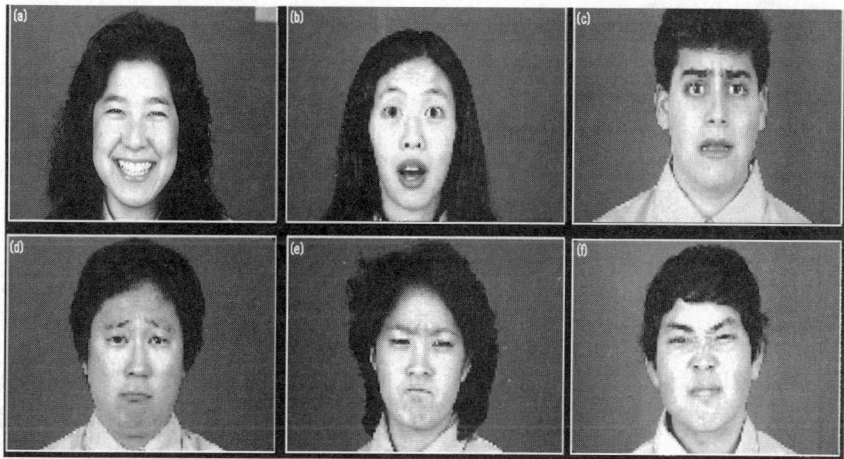

想一想

4-1 你能通过下图中6个人的面部表情猜出他们的心情是怎样的吗？

a 快乐　　b 惊讶　　c 害怕
d 悲伤　　e 生气　　f 厌恶

（二）双向性

在社会认知过程中，知觉者和被知觉者处于对等的主体地位，不仅甲在感知乙，乙也在感知甲。可见，社会认知的过程不是单向的，而是双向的。

（三）整体性

人们在社会认知过程中，自觉或不自觉地贯彻了完形原则，即个人倾向于把有关认知客体的各方面特征材料加以整合，形成完整的印象。这种倾向在判断一个人的时候表现得尤为突出；当我们看到一个人似乎既是好的又是坏的，既是诚实的又是虚伪的，既是热情的又是冷酷的时候，便觉得不可思议，认为自己还没有完全认识这个人，我们总是无法容忍自相矛盾的判断。为了消除这种矛盾，个人一方面会寻求更多的信息，另一方面会利用想当然的办法给认知对象添补细节，使认知带有浓厚的主观色彩。

（四）易出偏差性

社会认知的对象是复杂多变的人。而且，在多数情况下，人这种认知对象并不是完全被动的，他们可以有意地操纵别人对他们的印象，所以，人们在感知、认识他人时经常出现偏差。

三、影响社会认知的因素

社会认知主要是指个体对他人的认识，这一过程一般包括三个构成要素：认知者、认知对象及认知对象所处的情境。下面就从这三个方面来分析影响社会认知的因素。

（一）认知者的因素

1. 认知者的经验。我们的经验对认知过程产生着特殊的影响。一般说来，认知者的经验越丰富、社会阅历越多，他/她对人的认识会越准确、全面。

2. 认知者的需要。个体的需要决定了他/她选择注意对方哪些方面的信息。如，一位教授要招一位研究助理，那么他/她关注的是应聘者的学历、科研能力；而一位电视导演要考察的是备选演员的表演才能、外表与角色的相符程度等。

3. 认知者的情感状态。日常生活中的许多现象表明，心情好的人，对别人更宽容，容易看到别人的优点；情绪低落的人，则更容易把周围看得灰暗一片。所以，"情人眼里出西施"就不足为奇了。

（二）认知对象的因素

1. 认知对象特征的显著性。假想你坐在咖啡厅悠闲地观察着你周围的人，哪些线索会吸引你的注意？你也许会注意在收银台对着收银员大声、恶毒地斥责的那个人，或者是快速地连喝三杯咖啡的那个人，或者是在整个厅中最高的那个人。假如你知道某人有两个爱好：打网球及养蛇当宠物，你也许会发现，对宠物的癖好比常见的体育爱好更能揭示人的性格。可见，新异的特征容易突显出来，成为我们注意、感知的重点。

当然，在一个背景中不常见的或出人意料的线索也许在另一种背景中会变得非常普通。如，在一个咖啡厅中比其他人都高的人会突显出来，但在篮球馆中就不会，因周围都是高个子队员。因此，在一个背景中突出的特征在另一背景中未必能被注意到。

2. 认知对象印象管理的能力。认知对象透过语言与非语言信息的表达，试图操纵、控制知觉者对他形成良好印象的过程被称作印象管理。按照戈夫曼（Goffman）的理论，每个人都在通过"表演"，即强调自己许多属性中的某些属性而隐瞒其他的属性，试图控制别人对自己的印象。这种办法有时很成功，使得不同的认知者对同一个人形成完全不同的印象，或者使同一个认知者在不同的时间和场合下对同一个人得出不一致的看法。比如，对同一个人，有人觉得他心胸开阔、热情大方，有人则认为他固执、沉静；有时使人感到深不可测，有时则使人觉得他诚挚、坦率。

（三）认知情境的因素

在认知活动中，认知对象所处的场合背景也常常成为判断的参考系统。人们往往以为，出现于特定环境背景下的人必然是从事某种行为的，他的特征也可以通过环境加以认定。假如一个人在笑，那么只有情景的线索才能显示出这一动作究竟是表示高兴还是难堪时的自我解嘲。

在想一想4-2的图中，你会很肯定地说，左图是夫妻俩在闹矛盾，因两人是坐在床上；但对于右图，你可能就不会说是夫妻俩在闹矛盾了，也许你会说是两个互相防备的、坐在公园的长凳上休息的陌生人，或是一对刚刚见面的、比较羞怯的相亲男女。正因为背景不同（床与长凳），我们所猜测的两人的关系及心情都不同了。

总之，个体对他人的认识是一个非常复杂的过程，其中会受到很多因素的影响，上述那些因素并不能涵盖所有。

在这一节，我们笼统地介绍了社会认知的概念、特征及其影响因素。在下节中，我们将着重介绍社会认知的动态过程，即人们是如何对他人形成印象的。

想一想

4-2 猜一猜下两个图中的两个人各是什么关系？在干什么？

第二节　印象形成

在现实生活中，我们总要与很多人打交道，并会有意无意地对他人形成一定的印象或看法。如对一位与我们在街上擦肩而过的行人，我们只要匆匆一瞥，就能对他/她是一个什么样的人有个大致的印象。但在多数时候，我们是有意地、仔细地观察别人，以了解对方的性格、人品、能力等，从而决定是否与对方交往，交往的深度如何，是否该信任、重用对方等。下文将介绍我们是怎样认识他人的。

一、印象的内涵

所谓"印象"，是指外界事物在人的头脑中所形成的形象。在社会认知领域，由于个体感知的对象主要是人，那么"印象"主要是指他人在个体头脑中所形成的形象，如，我们在生活中常说"我对他的印象不错""她给我留下了很好的印象"。若再进一步深究，我们对他人的印象是好还是坏，则取决于我们对他人的看法与评价是好还是不好。那么我们主要是从哪些角度来评价一个人的呢？

奥斯古德（Osgood）等人（1977）在一项实验中发现，被试用于描述印象的形容词涉及三个基本范围，即评价（好—坏）、力量（强—弱）和活动（积极—消极）。也就是说，人们基本上是从评价、力量、活动三种角度来描述对一个人的印象。这一发现揭示了印象的内涵。同时，他们还指出，在印象的三个方面中评价是最主要的，一旦人们判断出一个人好坏来，对此人的印象也就基本上确定了。类似地，罗森伯格（Rosenberg）等人（1968）认为，人们是根据社会特性和智能特性来评价他人的。他们把最常被评价的特性列成表（如表4-1所示）。其中，一个人所拥有的社会特性（如平易近人的、令人讨厌的）会影响人们对他/她的喜欢程度；一个人所具有的智能特性（如聪明的、愚蠢的）则会影响人们对他/她的尊重程度。

表4-1　用于评价他人的社会特性与智能特性

评价	社会特性	智能特性
好的评价	助人的 真诚的 宽容的 平易近人的 幽默的	科学的 果断的 有技能的 聪明的 不懈的
不好的评价	不幸福的 自负的 易怒的 令人讨厌的 不受欢迎的	愚蠢的 轻浮的 动摇不定的 不可靠的 笨拙的

当然，在生活中，我们会根据自己的需要、经验等，从自己认为比较重要的一些方面去认识他人、评价他人，从而形成对他人独特的印象。

另外，有些学者，如安德森和塞迪凯德斯（Anderson & Sedikides, 1991）认为，人们是以类型的方式来知觉他人。如我们把自己的朋友分类，认为张三是外向的、李四是成熟的、陈五是忧郁的。他们所具有的其他品质、特征都从属于他们的典型特征。

在日常生活中，人们在认识他人时，以上这两种方式都用，既按他人的典型特征把他们分类，也按较重要的几个维度对他人分别加以评估。

二、印象形成过程中所利用的信息

（一）外表

一个人的外表常常是我们最先看到的信息，而且也常常是我们能得到的唯一线索。和一个人初次接触，我们先看到的是这个人的衣着、高矮、胖瘦、肤色以及肢体是否有缺陷等，将这些属于物理方面的特征加以整合，我们就能直截了当地对对方作出某些判断。例如，白瑞与麦克阿瑟（Berry & McArthur, 1985）在美国及韩国进行的研究发现：有娃娃脸（大而圆的眼睛，高高的眉毛，小小的下巴）的成年男子被认为比有较成熟面容的男性更天真、诚实、友好、热情。

（二）表情

由于一个人所说的话能被人有意识地加以控制，特别是那些小心谨慎或圆滑的人，话到嘴边前不知在肚子里折腾、琢磨了多少回合，言不由衷的话已司空见惯。但言语之外的一些行为，如面部表情、身段表情、言语表情等却很难被人有意识地加以控制，从而能更真实地揭露人们内心的想法、情绪、性格等。

一般来说，相同的面部表情（face expression）通常表达相同的情绪状态，各民族大同大异，全人类具有较高的一致性。例如，一个人如果嘴角下垂，两颊松垂而拉长，皱眉呈八字形，那么他/她多是不愉快；如果他/她经常这副表情，那么我们就可以推测他/她可能是一个抑郁、悲观的人。

眼神的情绪表达功能更是人人熟悉。把眼睛比作"心灵的窗口"是很恰当的。社会心理学家发现，几乎所有的内在体验都可以表达在眼神之中。人们在认知活动中，一般都不会忽略眼神的奥妙。如，目光接触可以表示对对方感兴趣，被认为是诚实、直率；而目光不接触，说明此人害羞或害怕；但长时间的目光接触可能是愤怒、敌意的信号。

身段表情（body expression）又称姿势。个体的情绪状态可以在身体姿态的变化中流露出来，如点头、招手、鞠躬致意等。一个人的身体姿势能够传递丰富的信息。如当一个人在与我们交谈时，如果面对着我们，身体向我们倾斜，而且不断地向我们点头，那么我们就会认为他/她赞同、喜欢我们。反过来，我们就会对他/她产生一个好的印象，从而也喜欢他/她。扫一扫下面的二维码，看一看人们在撒谎时常见的身段表情有哪些。

言语表情（speech expression），不是指言语本身，而是说话时的音量、声调、节奏等特征，专家们称之为一种辅助语言。日常生活中，我们常常通过别人说话的方式判断其内心状态，所谓"听话听音"，就是这种经验的总结。研究也表明，言语表

4-1　七种最常见的说谎姿势

情所传达的信息比言语本身更为可靠。我们对他人的知觉，不仅取决于对方所说的话，也取决于他/她怎么说，如说话的速度、节奏等。当一个人说话的速度很快时，我们常常会推断此人心直口快，是一个直率、没有心计的人；一个说话轻声慢语的女孩，常会给人留下温柔恬静、有涵养、小鸟依人的印象。

（三）行为

虽然外表与非言语线索是对他人形成印象时所利用的主要信息来源，但最有用处的信息还是他人的行为，因许多行为与某些人格特质有着密切的联系。如一个银行职员利用工作之便把大笔公款占为己有，那么我们就会认为此人是一个不诚实、利欲熏心的人。

琼斯与戴维斯（Jones & Davis，1965）提出的对应推论理论（correspondent inference theory）认为，人们常假设他人的内在品质与他们的外在行为相对应。如一个平民百姓向希望工程捐了一笔钱，我们就会认为他/她是一个有爱心的、利他的人。此理论还分析了人们在什么时候会根据一个人的行为来推断此人具有与他/她的行为相对应的内在品质。

1. 当一个人的行为不符合社会期望或不为社会所接受时。如当一个人做了不道德的事（如抢劫），我们就可以从其行为推论出他/她是一个不道德（如残忍、不劳而获）的人。

2. 某人从事的行为是自由选择的，而非在外在强大压力下才做的，那么我们就会认为此人的行为与其内在的品质相对应。如一个单位的领导命令每个人向灾区捐款 500 元，那么从这种被迫的行为我们无法得知哪些人有爱心，哪些人冷漠。

总之，人们会利用所能获得的各种线索对他人形成印象。但线索（如人的长相、穿戴、身体姿势等）本身并无意义，它们是根据知觉者记忆中所储存的有关人、行为、特质的知识来解释的。另外人们要把各种渠道得来的信息综合起来，形成对一个人的概括性认识。如一个女孩子脸上总笑眯眯的，在车上常给老人让座，同学有什么问题她总是热心帮忙，那么我们就可以推断出她是一个热情、善良的女孩子。当然，对他人的认知并不总能达成一致性的印象，也有关于某人各方面的信息资料十分矛盾的时候，如一个人有时诚实、有时虚伪，有时热情、有时冷漠。此时人们依然有着把他人各种特性协调组织起来的强烈愿望，可能会去寻找更多的信息，了解大多数时候此人是什么样子的。

三、印象形成过程中信息加工整合的一些规律

为了对他人形成一个整体性的认识，人们需把所获得的各种零散信息加以整合。那么在这个过程中存在哪些规律呢？

（一）不同特征在印象形成中所起的作用是不同的

阿希（Asch，1946）的经典研究证实了这一点。他把大学生分为 A、B 两组，每人拿到一张描写一个人特征的表格，上面有 7 个形容词。

A 组的表格是：聪明、灵巧、勤奋、热情、果断、实际、谨慎；

B 组的表格是：聪明、灵巧、勤奋、冷淡、果断、实际、谨慎。

A、B 两组表格唯一的不同就是 A 组中有一个形容词是"热情"，另一组把"热情"换成了"冷淡"，其余 6 个形容词都一样。

阿希让两组大学生对具有表格中所述特征的人做一简单的描述，并在另一张特征表上挑选出能够最好地描述这个人的形容词。

这项研究的结果发现：当表中有"热情"这个词时，塑造出来的人物是"慷慨大方""快活""幽默"的；当表中有"冷淡"这个词时，塑造出来的人物则是"斤斤计较""毫无同情心""势利十足"的形象。但当"热情"与"冷淡"分别而被"文雅"与"粗鲁"所替换时，两组被试所描述出来的人物差别

就不那么明显了。

因此，阿希就把"热情""冷淡"这类对印象形成起重要作用的特征称为"中心特征"，把"文雅"与"粗鲁"这类对印象形成不起核心作用的特征称为"边缘特征"。但中心特征与边缘特征是相对的，无论什么时候遇到某个人，我们都会根据自己认为最重要的特征形成对他人的印象。所以说，人们对他人的知觉具有很大的主观性。

从阿希的这项经典研究可以看出，人们并不是以完全机械的方式整合多种信息，即不是独立地对每一个特征加以评价；相反，人们试图把各种信息整合成一个有意义的整体。在这种整合的过程中，一方面的信息就可能会微妙地改变其他信息的意义。假如一个人被描述为是聪明的、冷淡的，另一个人是聪明的、热情的。在这两种描述中，"聪明"的含义似乎是不同的；当与"冷淡"联系在一起时，"聪明"被理解成"算计"或"狡猾"；当与"热情"联系在一起时，"聪明"的含义接近于"有智慧"。

（二）信息出现的先后对印象形成的作用是不同的

许多学者就信息出现的次序对印象形成的作用进行了大量的研究，并提出了首因效应（primacy effects）与近因效应（recency effects）这两个现象。首因效应是指人们比较重视最先得到的信息，据此对他人做判断。近因效应则是指最新得到的信息对他人的印象形成起较强作用的现象。

卢钦斯（Luchins，1957）的实验证明了这两种效应的存在。他编写了两段文字，内容是一个叫吉姆的学生的生活片段。一段把他描写成热情外向的人，另一段把他描写成冷漠而内向的人。卢钦斯把这两段短文发给被试，一组被试是第一段在先第二段在后，另一组被试正相反。结果发现，第一组被试有70%认为吉姆较外向，友好；而第二组被试只有12%认为吉姆外向，友好，其余82%都认为吉姆较内向，孤独。

这一实验的结果表明，由于两部分材料呈现的顺序不同，对吉姆的判断就产生了很大的差异。而且，最先得到的信息对整体印象起着主要的影响，即首因起主要作用。

至于首因效应产生的原因，一是因为人们容易忽略、不注意后面的信息；因一旦人们觉得自己有足够的信息来做判断，就不再或很少注意随后的信息。二是因为后面信息的重要性被打折扣，在知觉者的心目中，后面的信息不如开始的信息重要、有价值。

如果首因效应的产生是由于对后来的信息不注意，不重视，那么事先告知被试在作出判断前，要对所有的信息加以注意，就可能避免、减少首因效应的产生。卢钦斯的研究证明了这一点。他还是用上述有关吉姆的材料，只是在被试阅读材料前预先告知他们，材料分前后两部分，要求他们在阅读完全部材料后再对吉姆作判断。在这种情况下，首因效应消失了。

至于近因效应的验证，卢钦斯实验方法是不让被试连续阅读两份材料，而是在中间插入其他活动，如做数学题。在这种情况下，大部分被试根据间隔活动后看到的材料来评价吉姆，即产生了近因效应。

首因效应的存在表明第一印象至关重要。与陌生人交往的过程中，所得到的有关对方的最初印象称为第一印象（first impression）。第一印象在日常的社会生活中与工作中都有相当大的作用，即所谓的"先入为主"。"新官上任"之所以要点好"三把火"，踢好"前三脚"，就是要给下属留下深刻的、好的第一印象。当然，第一印象并非总是正确的，但却总是最鲜明的、最牢固的，并且决定着以后的交往。如对某人一开始就有好感，人们就愿意再和他/她接触。当然，第一印象不是不可改变的，常言说得好，"路遥知马力，日久见人心"。

（三）人们倾向于把有关的特质联系起来形成对他人较统一的认识

随着生活经验的积累，人们认识到有一些特质之间存在着密切的联系，如热心与利他。于是当了解到一个人具有某一特质时，就会自动地联想到与这一特质相关联的其他特质，从而认为此人也具有这些特质。如当我们知道一个人很喜欢冒险，那么我们就会想象他一定很强壮、敏捷适应能力强等。正因如此，人们常会歪曲信息，以减少不一致的信息，从而对他人形成统一、一致的评价与认识。当我们认为某人具有某种特征时，就会推断他也具有其他相似的，或相互关联的特征，就种倾向被称为晕轮效应或光环效应（halo effect）。正因这种泛化倾向的存在，当我们对一个人的某一方面有良好的评价时，就会认为这个人一切都好，反之亦然。

迪恩（Dion）等（1972）的研究证明了此效应的存在。他们让大学生被试细察三个与他们年龄相近的人的照片。其中一人外表很有魅力，一个中等，另一个缺乏魅力。要求被试在其他27种人格特质上逐个评价三个人，接着让他们估计三个人婚姻美满的可能性，三人中谁最有可能在事业上成功。结果表明被试对有魅力的人比对无魅力的人赋予了更多的正性人格特质，如和蔼、沉着，而且认为有吸引力的人更容易有美满的婚姻，更容易在事业上取得成功。在另一项研究中，给小学老师呈现学生的一些信息，包括他们的照片，这些老师评定的结果是：越有吸引力的孩子越拥有更高的智商与学习潜能（Clifford，1975）。

但外表的吸引力对职场中的女性而言利弊兼有。一项研究要求人们根据照片对一个虚构的公司副总裁助理加以评估。四组参加者看到的照片分别是有吸引力的男性照片、不太有吸引力的男性照片、有吸引力或无吸引力的女性照片。结果是：参加者认为有吸引力的男性比无吸引力的男性在能力上要强，而对女性照片的评价正相反（Heilman & Stopeck，1985）。研究者认为，参加者怀疑有吸引力的女性会因为她的外表而不是能力而可能被提升。

晕轮效应是很难避免的，它是人们快速认识他人的一种策略、方式，但有时却可能会产生有害的结果。历史小说《三国演义》中有这样一个故事：周瑜死后，鲁肃把凤雏庞统举荐给孙权。孙权见他"浓眉掀鼻，黑而短髯，形容古怪，心中不喜"，以至于孙权"誓不用之"。结果因以貌取人，把一个智囊推给了刘备。

（四）人们比较重视负性信息，但却倾向于对他人作正性评价

在知觉他人的过程中，人们比较关注与重视负性信息，即对负性信息比对正性信息给予更高的权重，但是人们却倾向于对他人作正性的评价，这似乎是一个矛盾。人们之所以对他人的评价如此宽容，原因可能有：①人们希望自己的周围都是好人好事，这样自己会感觉舒服些；②在大多数文化中，正性词汇比负性词更常见；③人们通过对他人的宽容来显示自己的大度与仁慈。

在日常生活中，当我们向别人打听某人怎样时，常会听到"这人不错""挺好的"之类的话，其实也许对方的脑海中正浮现出此人的负面信息，恨得咬牙切齿呢。

（五）类化原则（generalization）

我们每天都要与许许多多、形形色色的人打交道，如家人、邻居、同事、商贩、医生、乘务员等。我们不可能也没必要把每个人都当作一个独立的个体来知觉与评价。为了更快速、有效地认识他人，人类一个基本的认知策略就是分类。就像是把植物分为花、草、树、蔬菜等一样，我们也按年龄、性别、职业、出生地等把人分成各种社会群体（Social groups）。当然，一个个体可以按不同的标准

划入不同的群体中。一旦知道了对方属于哪个群体，就会将群体的特性加诸对方身上。如，知道对方是一个20岁出头的男青年，就给人下了"初生牛犊不怕虎"或"嘴上无毛，办事不牢"的结论。又如，我们认为日本人勤俭、聪明、注重礼仪，当我们见到一位日本人时，就会将这些特性赋予他，以为他一定是一个勤俭、聪明、讲礼仪的人。

类化原则在我们接触认知对象的机会不多、认知不深入的时候更有可能影响我们的认知，从而使我们能够快速地了解一个陌生或不太熟悉的人或群体的特征，但弊端是容易产生认知偏差，因一个群体内的所有成员不可能都是一样或相似的。

随着对社会认知研究的深入，人们所了解的在印象形成过程中信息加工整合的规律会越来越多。

四、印象的作用

不管采用什么方式，我们对他人的印象一旦形成，就会影响着我们对有关信息的选择与解释，并影响着我们对他人的期望与行为方式。

（一）影响对他人信息的选择与注意

当你早晨醒来发现自己成为精神病院的一名病人时，其他人能分辨出你是否真的疯了吗？虽然这听起来像恐怖电影或噩梦中的情节，但罗森汉（Rosenhan，1973）在一项经典研究中就设计了这样一个实验，并得到了令人不安的答案。罗森汉安排了一些没有临床心理失调症状的个体，申请入住12所不同的精神病医院，假称他们听到了实际并不存在的声音而被接收后，这些人则在医院中尽可能正常地表现。他们在医院平均住了两周多，竟然没有一个假病人被医院工作人员察觉出是假冒者！这一结果的产生是由于心理学家及其他工作人员认为病人一定有心理疾病，因而他们只看到了他们所期望看到的。精神病医院的医生与护士期待从他们病人身上看到失调性的行为，他们也常认为他们确实看到了这些行为。也许这种期待的作用可以解释为什么医院的工作人员没有鉴别出罗森汉的假病人。这不禁让人想起了《爱丽丝梦游仙境》中爱丽丝与柴郡猫之间的对话：

猫说："这里的我们都是疯子，我疯了，你疯了"。
爱丽丝问："你怎么知道我疯了？"

猫说："你一定是，否则你不会来到这里。"

（二）影响对信息的解释

印象一旦形成就会左右我们对后获得的信息的解释，从而保持原有印象的不变。假设我们在看《欢乐总动员》或《正大综艺》等节目，让两个嘉宾抢答 10 个问题。其中一个嘉宾前 5 个问题都抢到了，且回答正确，然后开始穿插广告。这时，您会认为哪个嘉宾更聪明些？对广告后 5 个题目的回答谁会得分高些？可能大多数人都会认为是前 5 题都答对的第一位嘉宾。可是当广告后看到的却是第二位嘉宾后 5 道题全抢到且都答对了，两人一比一平。那么人们就可能把第一位嘉宾的失利解释为谦让，或者是后面的题太简单，或者是他太得意了，但可能仍认为他非常聪明。也就是说，最初形成的印象会影响对后来不一致信息的解释，从而使最初的印象保持不变。

（三）影响对他人的期望与行为方式

我们对他人形成一定的印象之后，就会对他人产生相应的期望，而此期望又引导我们采取相应的行为来实现此期望，这一现象就叫自我实现的预言（self－fulfilling prophecy）。罗森塔尔等（Rosenthal & Jacobson，1968）的一项经典研究证明了教师的期望对学生成绩的显著影响。他们以小学生为被试，先对他们作语言能力与推理能力的测验，然后随机抽出一部分学生，向老师说：这部分学生有可能在几个月后有突飞猛进的进步。八个月后，罗森塔尔等对全体学生作了一次测查，发现这部分学生都显著提高了成绩，而且教师对他们的评语也比其他学生好。这种期望的作用也称为"皮克马利翁效应"。皮克马利翁是希腊神话中的主人公的名字，他是一个雕刻师，曾经心雕刻了一个美丽的象牙姑娘，并对她倾注了自己全部心血与感情。他的真情终于感动了上帝，满足了他的愿望，使雕像获得了生命。

在这一实验里，自我实现的预言或皮克马利翁效应之所以会产生，是因为实验者的话使老师对这些学生产生了好的印象与期望，从而使他们更多地鼓励、帮助这些学生；而这些学生也因老师的所作所为而提高了学习积极性，学习更加努力，所以提高得比其他学生快。

第三节　归　因

《纽约时报》曾刊登过这样一则真实的故事[1]:

> 我的一位女性朋友在结束一段办公室恋情后,把前男友写的情书、卡片和诗都塞到一个袋子里,丢到屋外一个垃圾桶里。第二天,她的前男友打电话给她,问她为什么要丢掉他的信。她听后吓了一跳。前男友解释说,有个流浪汉在翻垃圾桶时看到了这些信,看过信后他很好奇,两个看起来这么相爱的人怎么会分手?流浪汉就用身上仅有的、别人给他的一枚硬币打了留在信纸上的电话(De Marco,1994)。

从上则故事可以看出,几乎我们每个人都有好奇心,解释人的行为是我们每个人都有的一项基本爱好。所谓归因(attribution),是指人们从可能导致行为发生的各种因素中,认定行为的原因并判断其性质的过程。现在归因过程已成为社会心理学领域重要的研究课题,在本节中,我们主要介绍有关归因的理论、归因的偏差及其作用。

一、归因理论

虽然说解释人的行为是我们的一项基本需要与爱好,但人类行为的原因通常并不是我们能够直接看得到的,即我们无法看到他人心里在想什么,他/她这么做的意图是什么,但我们可以根据可观察到的信息对他人行为的原因进行推断。已有很多学者对人们如何推断行为的原因提出了自己的理论,下面简单介绍几种有影响的归因理论。

(一)海德的归因理论

海德(Heider)是归因理论(attribution theory)的创始人,他提出,在日常生活中,每一个人都像朴素的心理学家一样,对各种行为的因果关系感兴趣,力

---

[1] [美]阿伦森、威尔逊、埃克特:《社会心理学》,侯玉波等译,中国轻工业出版社2007年版,第78页。

图弄清周围人们行为的前因后果。

海德区分了导致行为发生的两种因素：一是行为者的内在因素，包括能力、动机、努力程度等；二是来自外界的因素，如环境、他人和任务的难易程度等。

想一想

4-3　假如你英语四级考得特别好或特别不好，你会认为是哪些原因造成的？

（二）成就归因模型

维纳（Weiner，1972）研究了人们对成功与失败的归因。他采用海德提出的尺度，即把原因分为内在的和外在的两种；但他还提出了另一种尺度，把原因区分为暂时的和稳定的两个方面。

1. 内在—外在。内因顾名思义即个人内在的原因，如人格、品质、动机、态度、情绪、能力、努力等。外因包括个人之外的所有原因，如环境因素、运气、任务难度、他人帮忙等。

2. 暂时—稳定。即原因是长期稳定的，还是变来变去的。如，有些内在原因（如能力）就是稳定的、不会轻易改变的；而有些内在因素（如努力）则是可以通过人的意志而改变的。同样，有些外因，如红灯停、绿灯走这条规则就是多少年也没有变过的；而有些外因，如运气，则是变来变去的。

依照这两种尺度，维纳对成功行为的决定因素作了分类（如表4-2所示）。

表4-2　维纳的归因模型

归因尺度	内在的	外在的
稳定的	能力	任务难度
暂时的	努力	机遇

（三）三度归因理论

三度理论（cube theory）是由凯利（Kelly，1967）提出来的。他指出，行为的原因可分为三种：行动者、行动者知觉的对象及行动产生的环境。例如，某先生连续几次看了大片《阿凡达》，如果我们对他的行为进行归因，就会有三种解释：①他喜欢看电影；②这部电影很有趣；③这几天他春节放假，闲着没事。以上三种解释都可能是正确的，难题是确定哪一种解释是正确的。凯利指出，为了做到这一点，人们还需收集、使用了更多的信息。如，这位先生不仅爱看《阿凡达》，其他大片如《三枪拍案传奇》《十月围城》《赤壁》等都爱看，那么我们可能就推断他爱看电影；如果他只看《阿凡达》，其他大片不怎么看，而且其他人也都看《阿凡达》，那么我们可能就推断是《阿凡达》太好看了；如果他只在春节放假这几天看大片，其他时间不怎么去看，那么我们就可能推断他这几天闲着没事。

除了上述三种归因理论，在本章中已介绍过的对应推论理论也是一个非常有名的归因理论，在此就不重述了。

二、归因偏差

从以上介绍的归因理论或模型可以看出，它们的一个共同点就是认为：人是理性的、讲究逻辑的，就像科学家一样；当人们在对行为归因时，会客观地评价与利用各种信息。但在现实生活中，人们并非如此，人们的归因常是错误的、有偏差的。下面就介绍几种重要的归因偏差。

（一）基本归因错误

基本归因错误（fundamental attribution error）是指观察者在解释他人的行为时，夸大行动者的个人因素，低估环境因素的现象。如当一个学生甲去另一个大学找自己的同乡玩儿，结果被楼长拦住盘问了半天，甲就可能认为这个楼长严厉而且不近人情。其实这个楼长可能是一个相当热心的人，只是他/她的职责需要如此。

基本归因错误产生的原因可有：①人们有一种信念，相信人们能对自己的行动负责，所以多以内因来解释人的行为，而忽略外因的影响。②情境中的行动者比情境中的其他因素往往更突出，所以，人们更容易注意行动者，而忽略背景因素、社会因素。

（二）行动者与观察者偏差

行动者与观察者（actor – observer bias）是指观察者倾向于作内部归因，强调行动者内在特征的作用；而行动者对自己行为的归因则倾向于作情境归因，即强调情境的作用。如一个在公交车上行窃的小偷被抓住了，乘客们会说他品质恶劣、好逸恶劳，所以才会偷；而小偷自己却说是因为自己找不到工作，身上带的钱也花光了，不得已才偷。

行动者与观察者归因的差异可能是由下列两种原因造成的：①行动者较注意周围的环境，观察者更注意行动者；②观察者对行动者的过去了解少，只注意现时现地；行动者对自己的过去了解，知道自己之所以做出某一行为的前因后果、来龙去脉。

（三）自我服务性归因偏差

自我服务性归因偏差（self–serving attribution bias）是指人们把功劳归于自己、把失败归于外因的倾向。在日常生活中，人们常会把失败归于运气不好、他人拆台等，以摆脱责任、免受责备。这种做法有利于个体的心理平衡，可以避免对自信心与自尊心的打击。

需要指出的是，上述三种归因偏差都是西方学者研究的结果，是否适合于中国文化还值得商榷。因在欧美文化中，自我是独立的、自主的，个体的行为是由他/她的内在特征所引导的。而在亚洲的一些强调人与人之间相互依赖的文化中，人们更倾

4–2 文化与归因

向于把情境的、社会的因素当作事件与行为发生的主要原因。有关归因的文化差异研究请扫右面的二维码。

三、归因的作用

研究者们已发现，不同的归因结果对人的期望、情绪、动机、行为、自信心、健康等方面都有着重要的影响。如，当我们相信某球队比赛成绩之所以好是因为队员个人技术好、整体作战能力强，那么当这支球队再次与对手相遇时，我们就会预期这支球队的战绩会与上次一样好。如果我们断定这支球队获胜的原因纯属偶然，如士气高或分组有利，我们就不会对它下次取胜抱有信心。又如，当一个人把自己的成功归于内在的、稳定的因素"能力"时，他就会增强自信心，预期自己将来还会成功，并且更加积极努力；可当一个人把失败归于自己能力太差时，他就会消沉、自卑、认为自己无可救药，从而不再努力。

另外，内外在的归因会影响到对人是奖赏还是惩罚。比如，如果我们认为某

人的成功不是由于机遇或工作简易，而是凭他自己的能力且经过一番努力获得的，我们就会奖励他；当他的失败不是由于任务难或运气差，而是由于无能或懒惰，我们就会惩罚他。

复习题

1. 名词解释：社会认知　近因效应　晕轮效应　归因　基本归因错误
2. 社会认知具有哪些特征？
3. 认知者的哪些因素会影响社会认知的结果？
4. 简述琼斯与戴维斯的对应推论理论的基本内容。
5. 简述维纳的归因理论。
6. 什么叫基本归因错误？并分析其产生的原因。

参考文献

1. Eliot R. Smith, Diane M. Mackie, *Social Psychology*, New York：Worth Publishers, 1995, pp. 67 ~ 111.

2. ［美］阿伦森、威尔逊、埃克特：《社会心理学》，侯玉波等译，中国轻工业出版社 2007 年版。

3. 全国 13 所高等院校《社会心理学》编写组：《社会心理学》，南开大学出版社 2008 年版。

4. 沙莲香主编：《社会心理学》，中国人民大学出版社 2006 年版。

5. 乐国安主编：《社会心理学教程》，中央广播电视大学出版社 2010 年版。

第五章　社会态度

社会心理学的目的是解释、预测和控制人们的社会行为，而社会心理学家一直认为，态度是行为的决定因素，也是预测行为的最好途径。因此，自20世纪20年代以来，态度一直是社会心理学研究的核心问题。美国社会心理学的奠基人奥尔波特（Allport，1935）曾强调，态度是社会心理学中最不可缺少的概念。本章我们将对态度的定义及其成分、态度与行为的一致性、态度的形成与改变以及特殊的态度——偏见等方面的研究加以介绍。

第一节　态度的概述

想一想

5-1　在日常生活中我们常用到"态度"一词，请您写出用到"态度"一词的两个场合与两句话。

一、态度的定义及其成分

在日常生活中，我们可能会遇到这样的情景：一位顾客指着售货员说："你这叫什么服务态度啊？"；一位领导对参会的人员说："对这个问题请大家表明各自的态度。"前一情景中的"态度"指的是一个人的行为举止是否合宜；后一情景中的"态度"指的是对某一问题、事物等的立场、看法。那么，社会心理学中的"态度"指的是什么呢？它又由哪些成分构成呢？

（一）态度的定义

尽管关于态度的研究在社会心理学领域已有着很长的历史，但态度的概念依然是众说纷纭。根据态度在实际生活中的运用以及社会心理学家们已有的研究，我国学者[1]将态度定义为个体自身对社会存在所持有的具有一定结构和比较稳定的内在心理状态。

对此界定可以从以下几个方面进行理解：

1. 态度的对象是社会存在。社会存在是指具体的某人、某物、某事、某一观点等具有社会意义的存在物。

2. 态度的构成具有一定结构。态度作为一种心理状态不仅由多种成分组成，而且呈一定的结构，具体请看下文。

3. 态度具有比较持久的稳定性，能够持续一定的时间而不发生改变。态度的这种稳定性是相对而言的，指的是在一定的时间内和在一定的程度上态度是稳定的。

4. 作为态度的心理状态是内在的，存在于个体自身内部的，是难以直接观察到的。人们通常所表露于外的意见、看法、观点、主张等，虽然反映和体现了个体所持有的对某事物的内在态度，但这只是态度的表达或态度外化的产物，而不是态度本身。

（二）态度的构成要素

作为一种具有认知基础的心理反应倾向，态度兼具认知、情感和行动倾向三种成分，并且这三种成分是彼此相互关联的。

1. 态度的认知成分是指人们作为态度主体对于某一态度对象的认识、了解与评价。例如，我们认识到抽烟一方面对健康有害，另一方面也可能减轻压力。充分了解人、事、物的优缺点或利与弊是对他/它们形成态度的前提；如果对态度对象没有一个清晰的、全面的认知，那么形成的态度也会是模糊的，不稳定的。

2. 态度的情感成分是指个体对态度对象所持有的一种情绪体验，例如，对抽烟是持一种喜欢还是厌恶的感受。

---

[1] 全国13所高等院校《社会心理学》编写组：《社会心理学》，南开大学出版社2008年版，第136页。

3. 态度的行为倾向成分是指个体对态度对象所持有的一种内在反应倾向，是个体做出行为之前所保持的一种准备状态。例如，一个人准备戒烟。

认知、情感、行为倾向这三种成分常常是相互关联、协调一致的。例如，一个抽烟多年的人在认知上认为抽烟不利于健康，因而在情感上不喜欢抽烟，进而在行为倾向上想戒烟。一般来讲，认知成分是态度的基础，它决定着情感和行为倾向。但有时情感成分又是态度的关键，如一个想减肥的女孩明知巧克力热量很高，但就是喜欢巧克力的味道，结果还是要吃。可见，在现实生活中，态度的这三种成分之间往往存在着不协调、不一致的情况，如上文巧克力的例子。此时，个体会采用一定的方法进行调整，重新恢复其间的协调一致（参见下文中的认知失调理论）。

二、态度与行为的关系

在心理科学发展的早期，人们认为态度和行为之间是具有一致性的，例如，一个人知道吸烟有害，就不会吸烟。但是随着研究的深入，结果往往并非如此。请看下面一项经典的研究。

斯坦福大学心理学家理查德·拉皮尔（Richard LaPiere）在 1930～1931 年间与一对年轻的中国夫妇四处旅游，他认为这对夫妇非常有风度，也十分富于魅力，可以很快使得接近他们的人感到愉快和可亲。拉皮尔与他的中国朋友两次沿着太平洋海岸线开车周游美国，此次旅行对于态度和行为的关系研究实属巧合。当时的美国还是对亚裔非常歧视的。在旅行开始后不久，他们三个人到了一个小镇上的一家旅馆投宿，在与服务员打交道时，拉皮尔非常担心这些本土的美国人会有对东方人的歧视，但是令他感到吃惊的是服务人员都十分友好，那对中国夫妇受到了近乎完美的服务。

在 3 个月的旅行中，他们一共在 67 家旅店逗留过，在 184 家餐馆吃过东西，拉皮尔一直对旅馆接待人员、侍者以及开电梯工作人员对中国夫妇的态度与行为进行了准确而详细的记录。除了一家旅馆拒绝接待他们以外，其余所有的旅馆都接待了他们，所有的餐馆都卖给了他们食物。旅行结束 6 个月后，拉皮尔教授又给他们逗留的旅馆与餐馆寄发了一份问卷，问他们是否愿意接待亚洲人。结果发现，在 128 封回复中，90% 说他们不会接待。也就是说，几乎所有后来收回的问卷都表现出对亚洲人的歧视。在接下来的两个月内，拉皮尔再次给那家投宿的旅馆人员打电话，说自己有位中国朋友来住店，他们是否愿意接纳，可是旅店的答复是"不"，这件事情激起了拉皮尔的好奇心，为什么人们所说的和所做的不一样呢？（LaPiere，1934）

那么何时态度与行为会不一致呢？有哪些因素会影响态度和行为的关系呢？

（一）个体所持有的态度

1. 个体所持态度是笼统的还是具体的。许多研究结果都表明，如果个体对某一事物所持的态度是概括而笼统的，则他对该事物的态度与可能作出的行为反应之间的一致性程度就低。反之，如果他对某事物持有特定的、具体的态度，那么由此对他行为反应的预测准确性就很高。

例如，在拉皮尔的研究中，他给他们逗留的旅馆与餐馆寄发了一份问卷，问他们是否愿意接待亚洲人。"亚洲人"这一态度对象是概括而笼统的；而旅馆与餐馆当时所接待的对象，即行为的对象则是具体的、活生生的人，是一对年轻而又有魅力的华人夫妇。当被调查的旅馆与餐馆的工作人员看到"亚洲人"时，浮现在脑海中的形象也许与这对"非常有风度"的华人夫妇有天壤之别，当然不愿接待了。

2. 个体所持态度是以直接还是间接经验形成。如果个体所持有的态度是以个体自身的亲身经历、直接经验为基础而形成的，那么根据这种态度来预测有关的行为就会有较高的准确性。反之，如果个体所持有的态度是道听途说而得，是通过间接经验的方式形成的，则这种态度就很难起到准确预测行为的作用。

例如，拉皮尔的研究是在1930~1931年间进行的，当时在美国的华人不像今天这么多，所以，被调查的旅馆与餐馆的工作人员不一定都亲身与中国人打过交道，对中国人的看法多是通过大众传媒、他人闲聊等间接途径而形成的，认为中国人贫穷、没教养等，可那对华人夫妇却完全不是这样，这是他们亲身感受过的，故而当然愿意接待了。

（二）所测量的行为

1. 单一行为和多重行为。个体根据某种态度所表现出来的行为方式可能是多种多样的，也就是说态度和行为之间的关系不一定是一一对应的。因此，在考察态度与行为之间的关系时，要看到与某一态度相关联的一系列行为，而不是仅着眼于某一种行为，否则就会得出态度与行为之间不一致、无关联的错误结论。

例如，在拉皮尔的研究中，他测量的行为是旅馆与餐馆的工作人员是否为一对华人夫妇提供住宿与就餐服务。若测量的是是否接纳这对华人夫妇为同事或好朋友，那么行为与态度就有可能一致了。

2. 即时行为和长久行为。即时行为指的是即刻和短时间内作出的行为反应，长久行为指的是较长时间内作出的行为反应。即时行为与态度保持有较高的一致性，所以，根据态度来预测即时行为较为准确；而长久行为受其他因素影响的机会较大，因而其与态度的一致程度较低，所以，根据态度来预测长久行为比较困难。

（三）其他因素

1. 个人的切身利益。态度只是影响行为的因素之一，还有很多其他的因素会影响到具体的行为，如个人的切身利益。例如，在拉皮尔的研究中，旅馆与餐馆的主要目的是营利，若因为前来光顾的客人是自己不喜欢的亚洲人就拒绝接待，多少有点得不偿失。

2. 个体的人格因素。有些人的态度与行为表现出较高的一致性，有些人则易受他人或环境的影响，其态度与行为之间的变化较大，这种差异与个体的人格有关。例如，自尊心强的人，不会轻易受他人的影响，而自尊心较弱的人，则容易为他人所左右，其行为与态度不容易保持一致。

　想一想

5-2　在拉皮尔的研究中，除了上述的一些原因外，还有什么理由使旅馆与餐馆工作人员的态度与行为不一致？

答案在本章末找。

那么当我们意识到自己对某一对象的态度与行为不一致时，我们会怎么办？请看认知失调，理论给出的答案。

认知失调理论是由费斯廷格（Festinger）于1957年提出来的。所谓认知失调，是指个体所持有的认知彼此矛盾冲突，处于相互对立的状态。这里所说的认知包括思想、态度以及人们所感知到的行为。因此，人们所持有的认知是非常之多的。在费斯廷格看来，首先，这些认知之间是存在着相关的和不相关的关系，如"我每天早上7点起床"和"我对足球很感兴趣"这两者之间就是不相关的关系，而"我是一个有头脑的人"和"我总是忘记给自己制订一个学习计划"这两者之间就是相关的关系。其次，在具有相关关系的各种认知之间还会存在矛盾的或一致的关系，如"我知道抽烟对身体不好"和"我戒不掉烟"，因而会产生协调或失调的状态。认知的失调有程度之分，这取决于以下两个条件：其一，失调的认知数量与协调的认知数量的相对比例；其二，每一种认知对个体具有的重要性。如果处于失调状态中的认知对于个体来说是无关紧要、影响不大的，则其所引起的心理紧张只能是微弱的。如果这种认知对于个体来说是意义深远、关系重大的话，则其所引起的心理紧张就会是强烈的，并驱使个体去努力减轻或消除紧张。

根据这种理论的基本假设，当在认知上产生失调状态时就会引起个体心理上的不愉快和不舒适的感觉体验，造成心理上的紧张感，从而驱使个体去减轻或消除失调状态，使认知互相协调一致。通常消除失调状态的方法有如下几种：

1. 改变认知，使之与自己持有的其他认知保持一致。例如，持有"吸烟对身体健康有危害"和"自己每天都要吸烟"这样的认知的人，可以把前者改为"有许多吸烟的人身体仍很健康"，这样两个认知之间便协调一致了。

2. 改变行为，使对行为的认知与其他认知保持一致。例如，上述的例子，那个吸烟的人只要将烟戒掉，不再吸烟，就能够使互相矛盾冲突的两个认知协调一致起来。

3. 增加新的认知，改变失调的状况，使原来认知之间的矛盾得到合理的解决。例如，一个自称是有能力但却总是把事情弄糟的人，就可增加一些新的认知，如事情本身太复杂、客观条件较差、各个方面不合作等，将其作为把事情弄糟的原因所在，从而使原先的认知矛盾在得到合理地解释后得以消除，失调的状况得到缓解或改变。

继费斯廷格之后，又有许多研究者对认知失调理论进行了大量的研究，以至于有关认知失调的研究被看作是20世纪60年代社会心理学蓬勃发展的一个重要标志。研究发现，与认知不一致的行为如果是由个体自由选择做出的，不存在任何外来的压力和限制，则这种失调所引起的心理压力就非常强烈，从而会引发态度或行为的改变。但是，如果这一行为是在某种外来压力之下被迫做出的，则由此而引起的心理压力就不一定非常强烈，甚至可能不会产生任何心理上的不舒适感。

想一想

5-3 假如你在生活中无意伤害了一个人，那与以前相比，你对他/她可能是更喜欢还是更不喜欢了？为什么会如此？试试用认知失调理论是否可以解释。

答案在本章末找。

第二节　态度的形成与改变

态度不是生来就有的，而是个体在后天的社会生活中通过学习而获得的。个体在其后天长期的社会生活中，通过与他人的交往和相互作用，通过接受周围生活环境和社会文化的不断影响和习染而逐渐形成其对他人、他事、他物的态度。

态度一旦形成便具有一定的稳定性，但这种稳定性是相对的，通常随着主客观因素的改变，个体的态度也会随之发生变化。态度改变指的是个体已经形成或原先持有的态度发生了变化。这种变化包括两个方面：

1. 指方向上的改变，即质的改变。例如，某个人原先对抽烟持有赞成态度，认为抽烟可显示个人的成熟特征，后来却反对抽烟，认为抽烟有损身体健康。

2. 指程度上的改变，即量的改变。例如，某个人原先只是稍微赞成清晨跑步，后来在他人的带动下变得积极起来，非常赞成并参加清晨跑步。

方向和程度这两方面是互相联系的，方向的改变是以程度的改变为基础，方向的改变中就包含了最大程度的量的改变；同时，程度的改变又往往是方向改变的前提条件，程度的改变总是朝向某一方向的改变。

必须说明的是，在现实社会中，态度的形成与改变往往是紧密相联、不可分割的。旧态度的改变总带来新态度的形成，而新态度的形成总是以旧态度的改变为前导。为了研究和说明的方便，我们把态度的形成和改变予以分别叙述。

一、态度的形成

个体所持有的各种态度都是在后天的社会生活环境中通过学习而逐渐形成

的，因此，个体态度的形成一方面要受到社会生活环境中的各种因素（如社会规范、家庭、学校、同伴等）的影响，另一方面则是通过联结、强化和观察模仿等方式不断学习的结果。

（一）联结

在俄国生理学家巴甫洛夫（Pavlov）的动物实验中，当把食物（如肉粉）呈现在狗面前时，会引起狗的本能反应——唾液分泌。当肉粉的呈现反复多次伴随有一种新的刺激——铃声后，则只要这种新的刺激单独出现，就可引起狗的唾液分泌。狗之所以能够对铃声也作出与对食物一样的反应，就因为狗在食物与铃声之间建立了联结（association）。

这种联结学习可用来解释和说明态度的习得过程。例如人们通常对丑陋、肮脏、贪婪之类的品性都具有一种厌恶和反感的情绪体验，当这类使人反感的品性总是与某个人或某群人联系在一起并反复出现多次后，则原先和这类品性相联系的反感和厌恶就会和这个人或这群人联系起来，此时只要这个人或这群人出现就完全可以引起人们的厌恶和反感的情绪体验。换句话说，人们原先对不良品性所具有的情绪体验在联结的作用下扩展到了另一事物或对象的上面，这就是态度的习得过程。

（二）强化

美国心理学家斯金纳（Skinner）认为，行为的结果（如受到奖赏或惩罚）对将来行为的多寡具有强化的作用。类似地，强化的原理也可用于解释人们态度的习得过程。例如，一个四五岁的男孩打了幼儿园的其他小朋友，结果被老师批评了，那他就可能形成"打其他小朋友是不对的"这种态度。

（三）观察学习

即个体通过对他人言行的观察而进行的学习。个体在对他人进行观察时，将他人的言行举止记忆在头脑中，在以后遇到相同或相似的场合时再将头脑中所储存的这些言行方式表现出来。人们态度的习得同样也可以通过对他人的观察来进行。例如，看到广告中自己喜欢的明星在使用某种洗发水，自己也想去买。

上述三种不同形式的学习是态度习得和形成的主要途径，它们各自具有不同的特点和作用。一般地说，个体态度习得和形成是在这三种学习的共同影响和相互作用下进行的。

另外，凯尔曼（Kelman，1961）认为，一个人态度的形成（或改变）不是一蹴而就的，而要经过服从、认同、内化三个阶段：

1. 服从（obedience）。服从是指由于外界压力而使个体发生符合外界要求的行为。例如，刚进学校的儿童为了避免老师的惩罚而遵守纪律规范就是一种服从行为。服从行为并非出于个体的内心意愿，并且是暂时性的，只是为了达到自己一时一地的目的而被迫表现出来的表面行为。

2. 认同（identification）。认同是指个体自觉自愿地接受他人的观点、态度和行为，并有意无意地模仿他人，使自己的态度和他人要求相一致。例如，当一个人被置身于一个特定的社会位置、获得新的社会角色时，他的态度自然地需要与新的社会身份和社会角色相一致，此时他就需要采纳新的态度。

3. 内化（internalize）。进入内化阶段以后，个体就完全地从内心相信并接受了他人的观点，把他人的观点、态度完全纳入自己的价值体系中，成为其中的一个组成部分。如果说，在认同阶段个体还需要有意无意地把他人作为榜样的话，那么到了内化阶段，个体就不再需要具体的、外在的榜样来学习了，而他的举手投足又无不中规中矩，达到了"行之于心，应之于手"的境界。进入内化阶段以后，态度的形成或改变也就算完成了。

二、态度的改变

在现实生活中，一种极为常见和广泛使用的改变态度的方法是劝说宣传法，也叫说服；它是一种借助语言、报纸、杂志、广播、电视、电影、广告等各种传播媒介来传播信息、影响人们、使之态度发生改变的方法。但是劝说宣传法的效果要考虑到发起者的特性、目标人群的特性、信息和情境等多重因素的影响。

（一）发起者的特性

劝说宣传法的发起者是传播信息的人、进行说服的人，他们自身所具备的各种特征常常对态度改变有着极大的影响，其中一些重要特征，如权威性、可信度和吸引力等，本身就是一种有效的宣传和证明，仅此就足以使人们信服而不再猜疑。

1. 权威性（authority）。这是由发起者所受过的教育、专业训练和所从事的社会职业、所具有的专业身份决定的。一般情况，拥有专家的身份足以使发起者在某些特定的方面所说的信息比没有专家身份的人更易被人接受，更令人信服。不过，专家身份所具有的说服效用只是在特定的、有限的范围或领域内才能奏效，一旦涉及与其不相关的领域时，则说服作用就不会有多大的影响。例如，股票市场专家可能会影响普通股民的投资心理，但是如果他说服他人使用某种健康药物则不如医生身份更有说服力。

2. 可信赖性（credibility）。这是指发起者自身被他人相信和信赖的程度，这种特性主要受被说服者关于发起者的内心动机的知觉的影响。如果发起者被认为是怀有个人目的，出于一己私利，并非公正无私的，那么发起者就不会被他人所相信，其说服力就会大大降低。如果被说服者认为发起者的观点、看法与其自身利益不相符合甚至是矛盾的时候，则被说服者就容易接受发起者的影响，其态度也容易产生较为明显的改变。比如，如果你在购买过程中，偶然发现身边的顾客在和另外一个顾客评论该商品的效果是如何之好，那么你可能也会被说服去购买。但如果你在不经意的言谈中发现身边的这个顾客是冒名的，是替商家招揽顾客的托，那么你对他本人和他所说服的内容就失去信赖，进而不会激发之后的购买行为。

3. 吸引力（attractiveness）。这是指发起者自身具备的人格特征、仪表体态以及言谈举止所具有的吸引力。吸引力越大，则越容易引起他人的好感和愉快的情感体验；吸引力小，则不易使他人产生好感，甚至有可能产生厌烦、不愉快的情感体验。对于发起者来说，吸引力大则会增加其自身的影响和说服力，改变他人的态度，而吸引力小就难以说服他人接受自己的观点。

4. 相似性（comparability）。这是指发起者自身的身份、职业、背景及态度、观点等与被说服者有相似或相近的特征。相似性也是喜欢的重要基础（参见第六章人际关系），所以它也有助于态度改变。一般地说，发起者与被说服者之间在身份、职业、参加的团体以及年龄、性别、出生地等方面相似或相近，会促进双方之间在态度上的求同存异，从而导致被说服者态度的改变。例如，在日常生活中，青年人容易接受其他青年人的说服，同他人取得一致的看法；有着共同的经历、职业、籍贯的人之间也易于互相说服，求取一致的态度。

（二）目标人群的特性

目标人群，也就是被说服者本身所具有的某些特点对说服效果也具有相当大的影响，或有助于说服的有效进行，或妨碍和抵制说服的进行。

1. 目标人群的原有态度。

（1）人们自小形成并保持一生不变的态度难以改变，因为这种态度已经是一种内化了的态度，已经成为个体主观世界的一个不可缺少的组成部分；而形成于一时一事的态度则容易改变。

（2）根据个体的亲身经历和直接经验而形成的态度难以改变，依据道听途说或其他的间接经验而形成的态度则较易改变。

（3）出于某种无奈或迫于某种压力而形成的态度容易改变，而自主选择的或自觉自愿接受的态度则不易改变。

（4）自身协调一致，不存在矛盾冲突的态度不易改变，而自相矛盾、互不协调的态度则较易改变。

2. 目标人群的人格特点。

（1）有的人依赖性较强，缺乏独立自主的判断能力，信服权威，因而较易接受他人的说服而改变自己的态度；有的人则固执己见，不易接受他人的意见，故态度较难改变。

（2）自尊心较强，自我评价较高的人，过于相信自己和保护自己，因而不易接受他人的说服和影响；自我评价较低，缺乏自信心的人，则常怀疑自己而相信他人，因而容易接受他人的说服并改变自己的态度。

（3）爱面子、希望得到别人赞许的个体易受他人和社会的影响而改变自己的态度，与他人和社会保持一致；对于不在乎周围他人对自己的评价、我行我素的个体，其态度较不易改变。

3. 目标人群的心情。心情对说服效果的影响最明显地体现在幽默的作用上，幽默的说服者常常会使他人心情愉快，为了保持自己愉快的心情，人们不太愿意去追究事情的真正原因，经常容易接受他人的观点。

（三）信息的特性

发起者传播哪些信息以及如何传播都会影响到说服的效果。

想一想

5-4 假如你在工作中必须执行一项不受员工们欢迎的政策，你希望说服你的员工接受这项政策。那你会把问题的正反两个方面都摆出来，还是只说明好的一面？看完下文你就知道答案了。

1. 单面说服与双面说服。在说服他人的过程中，说服者往往只叙述能够证实自己的主张或者是赞同自己的主张的各种看法和论据，对与自己不同甚至是反对自己的其他各种观点和主张则闭口不谈，不予提及，或者是一味强调与自己对立一方的种种缺陷、漏洞和不足之处。这种向被说服者传播说服信息的方式即是单面说服。与此相反，在详尽地阐述了自己的观点主张是合理的、有根据的、值得相信的同时，也对与自己对立的一方的观点主张加以介绍并进一步肯定其虽不可取但也不乏借鉴之处，这种做法就是双面说服。双面说服的另一种形式指在说服中，不仅强调自己的观点主张的正确性、合理性，同时也指出其不足和缺陷之处，或者是在指出他人的缺点和错误的同时，也指出他人的优点和长处。

这两种说服方式在说服他人改变态度的过程中所产生的作用是不同的。霍夫兰德（Hovland）等人在第二次世界大战的后期曾就这个问题进行了研究，结果发现，两种说服方式的效果没有绝对的高低优劣之分，只有在考虑了其他有关因素的前提下，才能明确地区分两者的不同效果。

单方面的说服易使受教育程度较低的目标人群改变态度，而双方面的说服则易使受教育程度较高的目标人群改变态度。

目标人群原有的态度也是一种重要因素。当原有态度与说服信息较为一致时，单方面的说服效果显著；当原有态度与说服信息不一致时，则双面说服更为有效。

当被说服者可能自己已获得不止一方面的信息时，说服者采用双方面的信息说服较为妥当；当被说服者是依靠说服者来获取各方面信息时，则采用单方面的信息说服效果较显著。

当说服者所需要的是短时的、即刻的态度改变时，应采用单方面的信息说服；如果所期求的是长时的、较稳固的态度改变，则应采用双方面的信息说服。

总体来说，在考虑究竟采用哪一种说服方式来改变他人的态度时，应视具体情况而定。

2. 信息说服的首因效应和近因效应。在采用单方面的信息说服方式说服他人改变态度时，往往会遇到这样一个问题，即在说服中是开门见山地提出自己的观点，还是将自己的观点放在说服的最后来说效果比较好？在采用双方面的信息说服时，则常常会遇到这样一个问题，即在说服中先叙述赞同、支持并证实自己观点好；还是将此放在后面说，而一开始就陈述反对自己、与自己观点相矛盾的各种观点好？所有这些都涉及在说服过程中信息呈现次序对信息说服效果的影响问题。

在实际说服中，究竟是应先叙述自己的观点还是应后叙述自己的观点，要依自己所面临的具体情境条件而定，有时先讲有利，有时后讲有利。说服者应该考虑的一个重要因素就是时间，即先后呈现的两种信息之间的时间间隔和信息呈现与态度测评之间的时间间隔。这两种时间因素会影响信息的首因或近因效应（参见第四章社会认知），从而影响信息的说服效果。一般地说，在先后呈现的两种信息之间的时间间隔较为短暂，而信息呈现与态度测评之间的时间间隔较为长久时，则会产生首因效应。反之，则会产生近因效应。除此之外，在其他的情况下一般难以产生首因或近因效应。

（四）情境的特性

使态度改变的说服过程并不是仅仅在说服者和被说服者之间孤立地进行的，而总是在一定的情境条件下进行的。因此，一定的情境条件也会对说服效果产生影响。例如，他人在场和其他信息的同时呈现，都会引起人们对说服信息注意力的分散，从而影响信息的说服效果。然而，注意力的分散并不总是导致信息说服力的被削弱和降低，有的时候，注意力的轻微分散反而会增强信息的说服力。其原因就在于，被说服者会为了克服注意力的分散而做出较大的努力，从而使其接收到更多的信息，对信息有更完全的了解，同时又不至于有更多的时间和思想准备去考虑对立的观点和主张；此外，注意力的轻微分散会影响被说服者对信息的了解和掌握，包括正反两方面的信息，使其对自己的态度和判断缺乏自信和确认，因而增加了其自身被说服的可能性。

第三节　特殊的态度——偏见

一、偏见的含义

偏见（prejudice）是对某一个人或群体所持有的一种不公平、不合理的消极否定的态度。由于偏见是社会生活中的一种独特的态度，因而也包括态度的三个主要成分，即认知、情感与行为倾向。例如，大男子主义的拥护者对于女人持有偏见，他们就认为"女人无才便是德"（认知），因此不喜欢她们独立自主（情感），从而在招聘时不愿录取她们（行为倾向）。偏见常和歧视联系在一起，它们之间不同的是，歧视偏重于因对某个体或其所属团体存有偏见而引起的不公平、不合理的行为方式，如在就业时对男女不公平的对待。偏见和歧视通常一起发生，但两者没有必然的一致性。例如，某店铺老板可能对农民工持有偏见，但为了做成生意仍会像对待其他顾客一样对待他们。

社会心理学对于偏见的研究源于美国社会对种族偏见和群体冲突的关注，由于偏见对社会生活的协调和谐往往产生破坏性的结果，因此，社会心理学家对这个问题相当重视，并对偏见产生的原因、偏见造成的后果、偏见的消除措施等方面进行了深入的研究。

二、偏见产生的原因

社会心理学家们对偏见产生的原因进行了大量的研究，总括起来，不外乎以下几个方面：

(一) 群体之间利益的冲突

现实群体冲突理论主张，资源的有限性会导致群体之间发生冲突，进而造成偏见和歧视。也就是说，竞争是偏见与冲突产生的最重要来源之一，当时局紧张或因彼此的目标不能相容而发生冲突时，偏见最为突出。例如，英裔和墨西哥裔美国移民对有限工作机会的竞争、巴勒斯坦和以色列的领土之争，都会导致对对手偏见的增加。

19世纪，中国移民加入美国的加州淘金热潮中时，由于与白人矿工产生直接竞争，因此中国人被美国人视为贪婪、邪恶、残忍的；后来，当中国去做极少美国人愿意做的修建横贯大陆的铁路工作时，又被描述为勤劳、朴实和守法的；美国内战结束以后，退伍军人的大批涌入加剧了劳动力市场的竞争，美国人对中国人的偏见又一次增加：认为中国人是狡诈的、愚蠢的。可见，当资源匮乏、经济萧条时，内群体感受到更多的外群体的威胁，因此对外群体的偏见会增加。

(二) 社会分类

从偏见研究中得到的一个令人悲伤的事实是，对那些不属于他们同一"群体"的人，人们很容易表现出偏见。人们会借助社会分类 (social categorization) 的过程把自己和别人分到或相同或不同的社会群体中去。而最简单和最有说服力的分类方式就是判断别人是否与自己相像。这种分类是从"我与非我"到"我们与他们"的导向发展而来的，这样，人们把世界分成了内群体 (in - groups)

与外群体（out-groups）两部分。对前者而言，个体把自己看作是其中的成员，而对外群体则相反。这种认识性的区别导致了内群体成员认为自己群体比别的群体好的评价；而且，外群体成员常常会成为人们泄愤和不公平对待的对象。

（三）社会化

偏见并不是与生俱来的，它是人们通过社会化的过程习得的，儿童从他们的家庭、伙伴、大众媒体以及他们身处的社会中学会了偏见。

根据美国学者奥尔波特（Allport，1954）对历史上各种偏见发生和持续过程的研究，许多偏见在最初之所以发生，主要是由于那些有权有势的社会集团为了使自己对无权无势的社会集团的剥削统治合理化而制造出来的。例如，在欧洲工业革命后，统治阶级与资本家大肆散布工人是一群缺乏独立人格的人，没有独立思考的能力，其主要的要求和欲望是维持可以养家糊口的物质生活，对这些人必须要加以严格的管制监督。这种偏见一旦形成并传播开来之后，便融入了文化传统，并在社会上形成一种偏见的氛围。在偏见的气氛中成长起来的儿童对于带有偏见的规范是服从的。首先是形式上的服从，后来就内化于心。一般地，儿童在社会化过程中习得偏见的具体途径可分为三种。

第一种是直接学习。小孩子周围的人运用赏罚强化其偏见态度。如父母不允许孩子同自己对其有成见的人的孩子一起玩，并灌输"他们是一些肮脏、无教养的孩子"的思想观念。

第二种是模仿学习。儿童经常看到、听到自己周围的人议论反对某一群体及成员，从而逐渐地认同于他们的观念和行为。

第三种是环境气氛的熏染。这是学习者对特殊环境气氛的一种认知、了解。如在种族歧视严重的国家里，白人、黑人分区而居、分校而读。黑人在的地方白人很少光顾，黑人喜欢的东西白人就讨厌，整个生活环境中弥漫着黑白有异、黑人劣等的氛围，久居其间就潜移默化地受到感染。

三、偏见的后果

在所有人性的弱点中，极少有比偏见对人的自尊和社会关系危害更大的了。

（一）降低受偏见群体的自尊

这种现象在个体发展的早期阶段就可能表现出来。心理学者克拉克夫妇（Clark & Clark，1947）进行了一项著名的心理学实验。实验者让非裔美国小孩子

（有些只有三岁大）自由选择和白人洋娃娃还是和黑人洋娃娃一起玩，结果发现，大部分小孩子不要黑人洋娃娃，因为他们觉得白人洋娃娃比较漂亮，也比较优秀。

也正是基于偏见对自尊的消极影响的研究成果，美国最高法院于1954年宣布废除种族隔离教育。正如最高法院法官沃伦伯爵在向强势群体谈起这个案子时所说的，以种族理由不让黑人学童与白人学童在同一所学校就读，致使黑人学童产生了自己处于劣等社会地位的感受，进而对他们的身心造成无法弥补的伤害。

（二）导致歧视行为与社会矛盾

如果警察对黑人持有"黑人更暴力"的偏见，当他们面对黑人时，可能会对黑人产生更多的暴力行为。请看下面摘自《观察者》网页（www. guancha. cn）上的一篇报道。

美国密苏里州18岁黑人青年被警察枪杀引发当地数千人暴动

据美联社2014年8月11日报道，两名目击者称，美国密苏里州圣路易斯郡弗格森（Ferguson）地区一名黑人青年在面临警察检查时高举起双手，警察却"掏枪对着布朗胸口连开数枪"，而且"当布朗受伤倒地后，警察站在他身边把他射杀了"。8月11日晚上，这一事件在圣路易斯郡引发了暴动，数千人聚集起来抗议警方的枪击，有人高呼着"杀掉那个警察"，抗议过程中有12家店铺被抢，多辆汽车被砸坏，警方逮捕了其中32人。

图5-1 受害的黑人青年迈克尔·布朗

图5-2 当地因此事发生暴动，警车穿梭，建筑物熊熊燃烧

从上一事件（类似的事件在美国频繁发生，感兴趣者可扫右面的二维码）可以看出，正因为美国警察对黑人持有偏见，事先预设他们不遵纪守法且具有攻击性，从而使无辜的黑人死于非命。而这种草菅人命的做法自然会激起黑人群体的抗议与反抗，甚至产生暴动，从而造成种族间的矛盾与社会的动荡。

5-1 美国警察枪杀无辜黑人事件

四、偏见的消除

在我们社会中，偏见是普遍存在的，并且产生着各种各样的消极后果。好在偏见并非是不可消除的，只要我们对症下药，便可达到预防和消除偏见的目的。社会心理学家们对此做了大量的研究，提出了各种解决措施。总括起来主要有以下几条：

（一）消除刻板印象

前文已说过，偏见和一般的态度一样，也具有认知、情感、行为倾向三种成分。而偏见的认知成分往往是一种社会刻板印象，即一般人对某些群体常有固定且概括的看法，如白人认为黑人智力低下、不求上进；男人认为女人有依赖性、被动性等。

根据研究，有意识地关注偏见对象所表现出来的、与刻板印象相异的行为，会有助于偏见的消除。例如，如果观察到一些黑人也从事社会地位较高的工作、并在其中取得成就的话，就有助于削减人们对黑人所持有的偏见。

（二）增加平等的、个人间的接触

平等的接触和个人间的接触都是为了全面深入地了解接触双方的独特性。不平等的接触妨碍双方相互间的深入、细致的了解，并且还易产生先入为主的、刻板化的判断，这种判断往往对地位低下者不利。同样，非个人间的接触通常也只能导致接触双方之间肤浅的、形式化的认识。只有平等的、个人间的接触，才有利于真实地了解对方独特的能力、性格、爱好、抱负等，避免先入为主的判断，从而达到预防和消除偏见的目的。

（三）共同命运与合作奖励

社会心理学家谢里夫（Sherif，1961）在暑期组织 22 名十一二岁的男孩参加夏令营活动，随机地把他们分为两组。然后安排两组孩子进行一系列竞争性的活动，如篮球、足球和拔河比赛。结果发现，竞争使原来互不相识的两组孩子之间产生了敌视和偏见。那么，该如何消除这种敌视和偏见呢？在该实验中，谢里夫把营区的供水系统加以破坏，使两个群体都面临一个共同的命运，解决这个困难需要两个群体全部成员的共同合作。结果证明，共同的命运与合作性的奖励可以消解群体间的敌对情绪和偏见，甚至有助于深厚友谊的建立。

复习题

1. 名词解释：态度　偏见　歧视
2. 举例说明态度的三成分。
3. 简述影响态度和行为关系的因素有哪些。
4. 简述态度是如何形成的。
5. 简述认知失调理论的基本内容。
6. 简述态度改变的三阶段理论的基本内容。
7. 简述偏见产生的原因有哪些。

参考文献

1. ［美］阿伦森、威尔逊、埃克特：《社会心理学》，侯玉波等译，中国轻工业出版社 2007 年版。

2. ［美］津巴多、利佩：《态度改变与社会影响》，邓羽、肖莉、唐小艳译，人民邮电出版社 2007 年版。

3. 全国 13 所高等院校《社会心理学》编写组：《社会心理学》，南开大学出版社 2003 年版。

4. 全国 13 所高等院校《社会心理学》编写组：《社会心理学》，南开大学出版社 2008 年版。

5. 乐国安主编：《社会心理学教程》，中央广播电视大学出版社 2010 年版。

想一想参考答案

5-2：还有一个原因是：这对华人夫妇由一位美国教授带着旅行。

5-3：与以前相比，你对他/她可能是更不喜欢了。据认知失调理论，"自己不应伤害他"与"伤害了他人"这两种认知间产生了冲突，即个体处于失调状态。行为已做出，无法改变，就可能给自己找理由，认为他不好，所以自己才伤害他。既然他不好，当然自己就不喜欢了。不过，在生活中无意伤害了一个人时，我们也许会采取补偿的方法来弥补。

第六章　人际关系

人际关系是人们在人际交往过程中所结成的心理关系。生活在一定社会文化环境中的个体，总是要和周围的人发生各种各样的交流和联系，形成各种形式的人际关系。人际关系的好坏对人的身心健康、事业成功与生活幸福都有重要的影响。本章第一节概述人际关系和人际沟通的定义、人际关系的特点与类型；第二节着重探讨影响人际吸引的主客观因素；第三节将介绍维持和改善人际关系的策略和方法；最后一节着重介绍和分析爱情关系的特点和爱的定义，并剖析亲密关系解体的过程和人们的心理变化等。希望本章能帮助人们了解人际关系发展的特点及规律，以帮助人们建立和维持良好的人际关系。

第一节　人际关系概述

一、人际沟通与人际关系

在家庭中，我们与父母打交道，在学校中我们与同学和老师打交道，在工作中我们与同事、老板和客户打交道，在社会中我们与形形色色的人打交道。当我们以自己为原点向四周辐射，就编织出了一张硕大无比的网，而这张沉甸甸的网所承载的就是我们的人际关系。那么，什么是人际关系呢？让我们先看一则小故事。

美国著名的福特汽车公司在新泽西的一家分工厂，过去曾因管理混乱，而差点倒闭。后来总公司派去了一位很能干的人物，在他到任后的第三天，就发现了问题的症结：偌大的厂房里，一道道流水线如同一道道屏障隔断了工人们之间的直接交流；机器的轰鸣声，试车线上滚动轴发出的噪音更使人们关于工作的信息交流越发难以实现。

由于工厂濒临倒闭，过去的领导一个劲地要生产任务，而将大家一同聚餐、厂外共同娱乐时间压缩到了最低线。所有这些使得员工们彼此谈心、交往的机会微乎其微，工厂的凄凉景象很快使他们工作的热情大减，人际关系的冷漠也使员工本来很坏的心情雪上加霜。组织内出现了混乱，人们口角不断，不必要的争议也开始增多，有的人还干脆破罐破摔，工厂的情势每况愈下，这才到总部去搬来救兵。

故事说到这里，我们会发现这个工厂在管理上存在不少问题：首先这些员工们没有沟通的机会，其次这些员工相互之间的人际关系很差，那么到底是人际沟通出了问题还是人际关系出了问题呢？

从总部派出的新任的管理者在敏锐地觉察到这一问题的根本症结之后，果断地决定以后员工的午餐费由厂里负担，并提出希望所有的人都能留下来聚餐，共渡难关。在每天中午大家就餐时，经理还亲自在食堂的一角架起了烤肉架，免费为每位员工烤肉。

故事的结局不言而喻，企业业绩开始回转，企业也开始赢利，这位经理作出了增加成本的决定，但是这个决定却让企业起死回生。那么，在企业应该开源节流的节骨眼儿上，是什么因素促使经理作出了午餐由厂里负担的决策呢？回顾上文，我们可以发现这个故事中的两个很关键的字眼——"聚餐"。那么聚餐意味着什么？我们不妨继续往下考虑。诚然，聚餐就代表着在吃饭的时候会有很多的人，除了吃饭，大家还要说话，大家有说有笑，虽然只是吃吃喝喝，但是所有的成员又都回到了一个和谐的氛围中去了。其实这位经理的真实意图就在于给员工们一个互相沟通了解的机会，以建立信任空间，使组织的人际关系有所改观。在那段日子，员工们餐桌上谈论的话题都是有关组织未来走向的问题，大家纷纷献计献策，并就工作中的问题主动拿出来讨论，寻求最佳的解决途径。

从上例我们可以看出，有了良好的人际沟通氛围，可以促进人际关系的改善，而这二者的合力增强了企业员工的凝聚力和主人翁意识，最终使濒临倒闭的工厂起死回生。可见人际沟通和人际关系在人们的工作和生活中是何等重要。

作为科学名词，"人际关系"一词是在 20 世纪初由美国人事管理协会率先提出来的。所谓人际关系（interpersonal relationship），指的是人们在共同活动中彼此为寻求满足各种需要而建立起的相互间的心理关系。人际关系的形成包含着认知、情感、行为三方面因素的作用。其中，认知因素是人际知觉的结果，是个体对人际关系状态的了解；情感因素指交往双方相互间在感情上的好恶程度及对交往现状的满意程度；行为因素则是指具体的人际交往行为。在这三个因素中，情感因素起主导作用，制约着人际关系的亲疏、深浅及稳定程度，是人际关系的主要特征。

人际沟通（interpersonal communication），就是指社会中人与人之间的联系过程，即人与人之间传递信息、沟通思想和交流情感的过程。

人际沟通是人际关系得以维持和发展的一种重要手段，作为一种信息沟通方式，它是借由某种符号、将一个观念或信息由一个人传至另一个人的过程。人际关系是建立在人际沟通的基础之上的。

二、人际关系的特点

明确了人际关系和人际沟通的概念之后，接下来需要讨论的一个问题是：人际关系具有什么样的特点？

平时同学们会去参加聚会，有的同学会结识很多的新朋友，有的同学却只会和以前的老朋友叙旧聊天，也有的同学索性就只专注于聚会里好吃的自助餐。为什么在一个聚会中，大家的表现会如此不同呢？

首先，我们需要明确，聚会就是一种人际沟通，是维持和发展人际关系的形式。在聚会中，我们到底是需要结识新人、吃自助餐还是和老朋友聊天，这些都是由我们自己决定的。所以人际关系的第一个特点就是个体性，人际关系的本质表现在具体个人之间的互动过程中，其首要问题是对方是不是自己所喜欢或者愿意亲近的人，自己角色地位则退居其次。

尽管现在的网聊、E－mail 异常发达，但在通常情况下，人们更容易在实际情境中结识新朋友，在实际情境中扩展自己的人际关系网。就像在聚会中一样，更多的人交到了新的朋友。这是为什么呢？这是因为人际关系的第二个特点，即人际关系的直接性（可感性）。人际关系通常是通过直接的、面对面的交往及基于对对方的直接感受而建立与发展的，这样会增加人际关系的真实性和可靠性。

而在聚会中，与老朋友叙旧聊天也是一件非常开心的事情，虽然我们没有认识新朋友但是我们和老朋友的感情会更加的稳固和浓厚，我们会更喜欢一个人；当然也有可能因为进一步接触，我们会厌恶和抵触某些人。而这些则是基于人际关系的第三个特点，即人际关系的情感性。人际关系的基础是人们彼此之间的情感活动，其中既包括喜欢、关心等积极的情感因素，也包括厌恶、憎恨等消极的情感因素。作为人际关系的主要成分，人际间的情感倾向可以归结为两大类：连属情感——使人们互相接近或吸引的情感，和分离情感——使人们互相排斥和反对的情感。

三、人际关系的类型

我们不妨回想一下，我们从小到大，与什么样的人打过交道，建立了什么样的人际关系呢？我们最先与自己的父母建立亲子关系，然后和老师建立了师生关系，与同学、同伴们建立了同侪关系，还与自己意趣相投的朋友建立了朋友关系，成人之后还能与自己心爱的人建立恋爱关系以至后来还有可能结婚并建立婚姻关系，等等。

可是，我们的人际关系仅仅只有这些吗？事实上，心理学家们研究发现，人际关系的类型和形式复杂而多样。

从其内容上进行划分，可分为人际经济关系、人际政治关系、人际法律关系、人际道德关系、人际信仰关系以及人际文化关系等。从其状态上划分，还可以分为正常关系、竞争关系、协作关系、障碍与冲突关系以及封闭状态关系等。甚至，我们还可以从交往的不同角度、关系媒介、需求性质、人际喜欢程度等划分人际关系的类型。

社会心理学家舒茨（Schuts，1958）提出了人际关系的三维理论。他认为每个人都有与别人建立人际关系的愿望和需要，只是有些人表现得明显些，有些人表现得不明显。这些需要大致可分为三类：包容需要、控制需要和情感需要。每个人都有三种最基本的人际需要，而且每一类需要都可以转化为动机，产生一定的行为倾向，建立一定的人际关系。

1. 包容需要（inclusive need）。指个体想与他人建立并维持一种满意的相互关系的需要。这种需要得到满足之后，个体就会产生沟通、相容、相属等肯定性的行为特征；反之，个体就会产生孤立、退缩、排斥、忽视等否定性的行为特征。如果孩子在家庭里与父母联系和交往的需要得到了较好的满足，那么他们将形成肯定性的行为特征。如果孩子缺少必要的沟通与交往，他们就会产生否定性的行为特征。

在个体成长过程中，如果包容需要长期得不到满足，他就会在人际关系中产生低社会的或超社会的行为。低社会行为的特点是内向、退缩、避免与他人建立关系、拒绝加入团体等，这种人会尽量与他人保持一定的距离，不主动参加社会活动。超社会的人则与此相反，主动与别人交往接触，故意引起别人注意，但可能因其行为强度和方式表现得太过分而引起别人的反感。舒兹认为适当的行为应该是社会性行为，即在人际交往中表现出良好的适应性和灵活性。这种人在人际交往中没有什么障碍，他能够随着情境的变化而决定自己是参与团体还是不参与团体、参与多或参与少等。无论是独处还是与别人在一起，他都会感到幸福。

2. 控制需要（dominant need）。指个体控制他人或被他人控制的需要，亦即个体在权力问题上与他人建立并维持满意关系的需要。这种需要得到满足后，个体会形成使用权力、权威、影响、控制、支配、领导等行为特征；反之就是抗拒权威、忽视秩序、受人支配等行为特征。舒兹把个体的行为分为拒绝型、独裁型和民主型三种。拒绝型的人倾向于谦逊、服从，在与他人交往时拒绝权利和责任。独裁型的人则喜好支配、控制他人，喜欢最高的权力地位。民主型的人能顺利地解决人际关系中与控制有关的问题，能根据情况适当地确定自己的地位和权利范围，是最好的行为类型。在孩子成长过程中，如果父母对儿童既有要求又给他们一定的自由，使之有某种自主权，则易使儿童形成民主式的行为方式；如果双亲过分控制孩子，独揽大权，支配孩子的一切行为或样样包办代替，孩子就有可能形成拒绝型或独裁型的行为特征。

3. 情感需要（need for affection）。指个体爱他人或被他人所爱的需要，即个体在与他人的关系中建立并维持亲密情感联系的需要。这种需要得到满足之后，个体就会产生同情、热情、喜爱、亲密等行为特征；反之就是冷淡、疏远、厌恶、反感、憎恨等行为特征。舒兹同时划分了三种情感行为类型，即低个人行为、超个人行为和理性的情感行为。低个人行为表现为避免主动、亲密的人际关系，因为他担心自己不受欢迎，不被喜爱。超个人行为则表现为希望与别人建立亲密联系的迫切愿望，表现出过分的热情和主动。理想的情感行为是对自己的人际关系状态有正确地认识和评价，有良好的自信心和社会交往技能。如果儿童在小时候得不到双亲的爱，经常面对冷淡与训斥，长大后会出现低个人行为；如果儿童生活在溺爱关系中，长大后会表现出超个人行为；如果儿童能获得适当的关心、爱护，就会形成理想的个人行为。

由于人们对这三种基本的人际需要有主动表现和被动表现两种形式，因而形成了六种人际关系的取向（如表6-1所示）。

表6-1 人际关系的六种取向

行为倾向　　　需要	主　动	被　动
包容	主动与他人交往，积极参与社会生活	期待他人吸纳自己，退缩、孤独
控制	喜欢控制他人，能运用权力	期待他人引导，愿意追随他人
情感	对他人喜爱、友善、同情，主动对他人表示亲密	对他人显得冷淡，负性情绪较重，但期待他人对自己亲密

而另一位心理学家雷维奇（Lewicki）则通过利用"雷维奇人际关系测量游戏"方法对1000对夫妇进行研究，把人际关系归纳为以下八种类型：

1. 主从型。一方处于主导的支配地位，而另一方则处于被支配或服从的地位。几乎在所有的人际关系中都有主从型的因素。同时，主从型的人际关系也是最牢固的一种关系。上司与下属的关系就是一种很明显的主从型关系。

2. 合作型。在合作型的人际关系中，两个人有共同的目标，为了达到既定的目标，彼此能默契配合和互相忍让。在双方发生分歧时，也往往能够互相谦让。

3. 竞争型。竞争型的人际关系是一种令人兴奋、又使人筋疲力尽的不安宁的关系。竞争的双方为了达到各自的目标，常常会竭尽全力去争取胜利。

4. 主从—竞争型。这是一种难以相处的人际关系。双方在相互作用时，有时呈现为主从型的人际关系，有时则呈现为竞争型的人际关系。这种不断的变化使双方不得安宁、无所适从。而且，在这种混合型的关系中，常常包含了主从和竞争型中最不好的特点，这种关系的结局常常是在他们忍无可忍时，不得不中断他们的联系。

5. 主从—合作型。这是一种互补和对称的混合型人际关系。较为理想，双方能够和谐共处，即使有些摩擦也没有多大危害性，如果在这种关系中合作因素超过主从因素，那么双方会感到更加融洽。

6. 竞争—合作型。这是一种自相矛盾的混合型人际关系，维持这种关系需要有一定的距离以避免双方过于频繁的互动。

7. 主从—合作—竞争型。处于这种混合型人际关系中的双方往往陷入困境，生活中的矛盾冲突比其他类型的关系要多。

8. 无规则型。是一种较为少见的类型，其特点是双方毫无规则，不清楚他们在干什么，只要外界对他们施加一种外力，就会转变成其他类型的人际关系。

雷维奇的八种人际关系类型，尽管是来自对夫妇关系的测试，但是对于大部分具有经常性互动的关系来说，是具有一定的普遍意义的；对于人们选择什么样的人际关系以及如何处理好与他人的关系，也具有一定的指导作用。

四、人际关系的发展

人际关系的形成与发展，是一个错综复杂的变化过程，试想我们在与父母相处时，经历了多少顺从、反抗、叛逆，才能真正做到与父母互相理解。

1973 年心理学家奥尔特曼（Altman）和泰勒（Taylor）把自我暴露的程度作为衡量人际深度的参考指标，认为它是人们与他人发展亲密关系的重要途径。所谓自我暴露（或自我表露）（self-disclosure）是指个体把有关自己个人的信息告诉给他人、与他人共享自己内心的感受和信息。

人们之间存在表露互惠（disclosure reciprocity）效应：一个人的自我表露会引发对方更多的自我表露，我们会对那些向我们敞开胸怀的人表露更多。但是亲密关系的发展并不是一蹴而就的，有其渐进的发展过程：我表露一点，你表露一点，但不是太多；然后你再表露一些，而我也会作出进一步的回应。

奥尔特曼和泰勒认为，从交往由浅入深的角度来看，良好的人际关系的建立和发展一般需要经过定向、情感探索、情感交流和稳定交往四个阶段。

1. 定向阶段。定向阶段包括对交往对象的注意、抉择和初步沟通等多方面的心理活动。大千世界里，人与人之间发生关联的可能是无限的，米尔格拉姆（Milgram）曾提出"六度间隔理论"（six degrees of separation），又称"小世界现象"（small world phenomenon），即在这个社会中，任何两个人之间建立一种联系，最多需要通过 6 个人。无论这两个人是否认识，生活在地球上任何偏僻的地方，他们之间都只有六度间隔。因此，我们几乎可以和任何一个没有联系的人只通过简单的中介就发生关联。但在现实生活中，我们并不是同任何一个相遇的人都建立良好的人际关系，而是对交往对象及交往深度有高度的选择性。通常情况下，只有当对方的某些特征能引起我们情感上的共鸣时，才会引起我们特别的注意。

选择交往对象的过程本身就反映了交往者的某种需要、兴趣等，这种注意的选择是自发的、非理性的。当我们理性地思考谁可以作为交往对象并与之保持良好的人际关系时，已经属于抉择过程了，只有那些在价值观念等方面与我们有共识的人，才可能成为进一步交往的对象。

初步沟通是我们在选定某一交往对象之后、试图对这一对象有初步的了解所采取的实际行动，以便使自己知道是否有必要与对方展开更进一步的交往。同时，我们也希望给对方留下良好的第一印象，为可能形成的人际关系奠定良好的心理基础。

人际关系定向阶段的时间跨度因情况而异。邂逅而相见恨晚的人，定向阶段会在第一次见面时就完成；而对于可能有很多接触机会且彼此自我防卫倾向又都较强的人来说，这一阶段要经过长时间沟通才能完成。

2. 情感探索阶段。这一阶段的目的是探讨彼此共同的情感领域，而不是仅仅停留于浅层次的交往。随着双方共同情感领域的发现，双方的沟通会越来越广泛，自我暴露的深度与广度也逐渐增加。但在这一阶段，人们的话题仍未进入对方的私密性领域或隐私敏感区。尽管在这一阶段人们在双方关系上已开始有一定程度的情感卷入，但交往模式仍与定向阶段相类似，彼此还都注意遵守交往规范，彼此没有强烈的吸引力，即使关系破裂也无所谓。

3. 情感交流阶段。人际关系发展到这一阶段，双方关系的性质开始出现实质性的变化。彼此的安全感和信任感已经确立，沟通和交往的内容开始广泛涉及自我的许多方面，并有中度的情感卷入。如果关系在这一阶段破裂，将会给人带来相当大的心理压力。

4. 稳定交往阶段。随着交往双方接触次数的增加，自我暴露也更深刻广泛，此时人们已经允许对方进入自己高度私密性的个人领域。但在实际生活中，很少有人达到这一情感层次。

第二节　人际吸引

我们在生活中结识新朋友，与他人从陌生人到相熟到成为好友，就涉及人际吸引这一主题。人际吸引（interpersonal attraction）是个体之间在情感方面相互亲近的状态。社会心理学家通过大量研究概括出影响人际吸引的一些重要因素，下文将逐一介绍。

一、熟悉

人际关系的由浅入深是从相互接触和初步交往开始的，通过不断接触，彼此相互了解，容易引发喜欢。可见，熟悉对人际吸引会产生巨大影响，事实上，仅仅只是经常看到某人，就能增强我们对他的喜欢，这就是曝光效应，又称单纯接触效应（mere exposure effect）。查荣克（Zajonc）等在 1968 年用实验证实了这一点。查荣克向大学生被试展示了一些人像照片，有的图片被呈现了 25 次，有的只被呈现了一两次。然后，让被试指出他们对照片中的人物可能的喜爱程度。结果发现，被试看到照片次数越多，他们越喜欢这张照片和照片上的人。当然，曝光效应也是有限制的。如果一开始一个人对他人的态度是喜欢或至少是中性时，接触对增进人际吸引有效果；但如果一开始对对方的印象是负面的话，就没有这种效果。

熟悉性为什么能增加好感呢？伯恩斯坦（Bornstein，1989）用进化论的观点加以解释。他认为，在进化过程中，人类经常以小心的方式去应付不熟悉的物体或情境，通过与这些环境不停地相互作用，给我们带来危险的不熟悉的事物逐渐为我们所适应，也就变得熟悉与安全了。随着戒心的解除和舒服性的上升，人们对该事物的正性情感也必然增加。

二、接近

生活的时空性决定了我们只能与空间距离接近的人有密切来往（互联网例外），距离越接近，交往的频率可能就越高，就越容易建立良好的人际关系。

大多数人的婚姻对象是那些和他们居住在相同的小区，或在同一公司或单位工作，或曾在同一个班里上过课的人。皮卡尤研究中心（2006）在一项调查中发现，38% 的夫妻或恋人是在工作单位或学校中遇到的，剩下的也是在居住的社区、所去的教堂或体育馆经常相遇的人，或者就是一起长大的伙伴。

为何空间上接近的人更容易互相喜欢呢？

1. 接近增加了熟悉程度。相邻的人接触机会比较多，熟悉程度就越高，喜欢的可能性也就越大。

2. 人们能从居住接近的人身上以相对较少的代价获得较多的报酬。例如，我们可以很方便地和邻居聊天来维持人际关系，在需要帮助时，从邻居那里能更方便地得到帮助，因此，人们倾向于和居住在周围的人发展和维持友谊。

3. 根据认知失调理论（参见第五章社会态度），人们努力维持态度间的和谐一致，以平衡、无冲突的方式决定他们的喜欢和不喜欢。如果和我们住在一起或一起工作的人是我们不喜欢的，会引起我们的焦虑，因而我们在和必须与之交往的人相处时，就会有去喜欢他的认知压力。认知一致的压力使我们从积极的方面去认识我们的邻居、室友、同事等和我们接近的人，进而喜欢他们。

三、相似

我们倾向于喜欢在态度、价值观、兴趣、家庭背景及人格等方面与自己相似的人，正所谓"物以类聚，人以群分"。

心理学家在婚恋方面的研究中发现，人们往往倾向于选择与自己相似的异性为伴侣。不管在中国还是西方国家，相似的态度、特质和价值观使夫妻俩走到了一起，而且相似性还可以预测他们的婚姻满意度。有研究发现，在速配中，说话风格相似的人会相互吸引；甚至早睡早起型和晚睡晚起型的人都倾向于彼此寻觅。这也是互联网征婚网站为什么会将男女征婚者之间的相似性进行匹配的原因。

四、互补

在日常生活中，我们也经常见到互补性吸引的例子，如依赖性强的人会被喜欢照顾别人的人所吸引；害羞的人会喜欢外向而好交际的人。但是，这种互补不是无条件的，它需要双方有近似的价值观和目标。比如在支配—服从型婚姻中，双方之所以能相互吸引，是因为他们对婚姻中男性和女性的作用有着一致的或相似的认识，这种人格特征上的互补正表明了双方在态度和价值观上的相似或相同。

还有一种与互补性相似的现象是补偿作用，当别人所拥有的正是我们所缺少的时候，我们会增加对这个人的喜欢程度。如对一个向往某大学而又无缘考入的人来说，该大学的学生对其就具有某种吸引力。

研究表明，人际吸引中的互补因素，主要发生在交往较长、较深的朋友、恋人、夫妻间。对短期恋爱关系来说，熟悉、外貌以及价值观念的相似，是形成人际吸引的主要因素。

五、个人特征

虽然我们都知道"人不可貌相，海水不可斗量"，但仍很难避免在外貌基础上形成对他人的印象。当其他条件相同时，我们更喜欢外表有吸引力的人。外貌之所以具有如此强的影响力，其中的一个原因是光环效应的存在，人们认为外表好的人也会有其他优秀品质，如聪明、大方、活泼、更善于社交等。人们喜欢有外貌吸引力的人的第二个原因是"美丽的辐射效应"（radiating effect of beauty）：人们认为让别人看到自己和特别漂亮的人在一起，能提高他们的社会形象，就像对方的光环笼罩着自己一样。

一般来说，人们都喜欢那些有能力、聪明的人。因为与能力非凡的人交往，我们可以学到许多知识和经验，获得更多的好处。但是，当一个人的能力与我们相差很大，让我们感到可望而不可即的时候，这种差距就会变成一种压力，促使我们敬而远之。因为与这些人的交往总是衬托出我们自己的无能和低劣。这就不难理解为什么在一个群体中，最有才华、最有创造性的成员往往不是最受欢迎的人。所以，我们喜欢有能力的人是有一定限度的，在人们可以接受的限度内，越有能力就越有吸引力，人们就越喜欢。超过一定限度的时候，人们便倾向于逃避或拒绝，其吸引力就会下降。

而犯错误会导致人们对有能力的人的更加喜欢，这被称为"犯错误效应"。进一步的研究揭示，男性更喜欢犯了错误的才能出众的男性；而女性则更喜欢能力出众而没有犯错误的人，对男女对象都是如此。

与具有优秀品质的人交往使我们具有安全感，同时可以得到适当甚至很好的回报。具有良好品质的人的吸引力是持久、稳定和深刻的。其中，真诚与热情是影响人际吸引的重要个性品质。那什么因素让人觉得热情呢？弗伊科斯（Folkes）指出，积极的看法是个重要因素。当人们喜欢外部事物、赞美它们时，他们看起来很热情；相反，当人们不喜欢外部事物并且十分挑剔时，就显得很冷酷。

6-1 "致命吸引力"

在本节中，我们重点讨论了影响人际吸引的因素，包括熟悉、接近、相似、互补以及外表吸引力、能力、良好品质等个人特质，还了解到人际吸引是人际关系建立和发展的前

提。然而，在人际交往的过程中，不仅仅存在良性方向的发展，还会有负性方向的发展，如果人际关系破裂，我们该怎么办？

第三节 人际关系的改善

一、人际关系的破裂及预防

人际吸引是人际关系发展的良性方向；作为人际关系发展的负性方向，人际关系的破裂从人际关系的恶化开始。皮尔逊在《如何交际》一书中就对人际关系的恶化过程进行了详细的阐述。

表6-2 人际关系的恶化过程

图解	人际关系状态	相互作用水平
←○ ○→	漠视	强 ↓ 弱
←○　○→	冷淡	
←○　　○→	疏远	
○　　　○	分离	

1. 冷漠阶段。交往的一方把与对方的交往视为一种负担、一种痛苦，故意扩大与对方的心理距离，不愿与对方进行交往、沟通，千方百计避免与对方接触。

2. 疏远阶段。交往者对双方人际关系产生厌恶、反感情绪，故意不理睬、嘲弄、讽刺、挖苦对方。

3. 终止阶段。结束人际关系，双方处于完全失去联系的状态。但是某种人际关系的结束，并非都是有害的或不道德的，对此要具体情况具体分析。

也有同学会提出疑问，难道我们真的只能眼睁睁地看着我们的人际关系就这样开始恶化吗？

二、保持良好人际关系的原则

当然，人际关系的恶化不可能是不着痕迹的，如果我们要预防人际关系的恶化和破裂，那么我们首先要遵循以下原则来加以预防。

1. 相互性原则。人际关系的基础是彼此间的互相重视与支持。任何个体都不会无缘无故地接纳他人。喜欢是有前提的，相互性就是重要的前提，我们喜欢那些也喜欢我们的人。人际交往中的接近与疏远、喜欢与不喜欢都是相互的。

2. 交换性原则。人际交往是一种社会交换过程。交换的基本原则是：个体期待人际交往对自己是有价值的，在交往过程中的得大于失或得等于失，至少是得别太少于失。

3. 自我价值保护原则。自我价值是个体对自身价值的意识与评价。自我价值保护的目的是防止自我价值受到贬低和否定。由于自我价值是通过他人的评价而确立的，个体对他人评价极其敏感。对肯定自我价值的他人，个体对其认同和接纳，并反过来予以肯定和支持；而对否定自我价值的他人则予以疏离。

4. 平等原则。交往双方的社会角色和地位、影响力、对信息的掌握等方面往往是不对等的，这会影响双方形成实质性的情感联系。但如果平等待人，让对方感到安全、放松与尊严，我们也能和那些与自己在社会地位等方面相差较大的人建立良好的人际关系。

然而有时当事情木已成舟的时候，我们则需要对恶化的人际关系进行修护，下面是一些常用的改善人际关系的方法。

三、改善人际关系的方法

（一）T小组训练法

人际关系的改善不仅仅是一个理论问题，更重要的是一个实践问题。除去以上的一般理论原则之外，还有一些具体的操作技术，T小组（T—group）训练法就是一种常见的改善人际关系的方法。

T小组方法（又叫做"人际敏感性训练"）是美国社会心理学家勒温（Lewin，1946）创建的，其主要目的是让接受训练者学会怎样有效地交流、细心地倾听、了解自己和别人的感情。其通常的训练方式是把十几名受训练者集中到实验室或者是远离工作单位的地方，由心理学家来主持训练，时间为一二周或三四周。在这个小组里，成员没有要解决任何特殊问题的意图，也不想控制任何人，人人赤诚相见，互相坦率地交谈，交谈的内容只限在"此时此地"发生的事情。这种限定在狭窄范围里的自由讨论，逐渐使受训者陷入不安、厌烦的情绪当中。所谓"此时此地"的事情，实际上就是人们的这些心理状态和心理活动。随着这种交谈的进行，人们逐渐更多地注意自己的内心活动，开始更多地倾听自己讲话。同时，由于与他人赤诚坦率地交谈，也开始发现别人那些原来自己没有注意到的语言和行为上的差别。经过一段训练之后，人们慢慢地发现了自己的内心世界，发现了平时不易察觉到的或者不愿意承认的不安和愤怒的情绪。另外，由于细心倾听了别人的交谈，也能够逐渐地设身处地地体察别人、理解别人。

实践证明 T 小组法是一个能有效地改善人际关系的方法。一些研究还证明，参加过 T 小组的高中生比没有参加的学生在达到自己的目标方面取得了更大的进步。另外的一些研究则表明，参加过 T 小组的人种族偏见明显减少，形成了更大的内部控制倾向以及增加了对他人的信任感等。

（二）角色扮演

社会中的人总是处于一定的社会位置上，社会对处于一定社会地位的人有一定的要求，即社会期望，个体要依照社会对他的要求去履行其义务、行使该角色所承担的社会责任和权利。当个体被赋予某一新角色时，改变的不仅是行为方式，态度和价值观结构也会发生深层的变化。

角色扮演使人能够亲身实践他人的角色，体验他人在各种情况下的内心情感。只有获得他人相同或相似的体验，才知道在与别人发生联系时，应该有怎样的态度和行动。因此，角色扮演技术在发展人们的社会理解能力、改善人际关系方面有着尤其重要的地位。

下面是一个运用角色扮演方法改善人际关系的实例（金盛华，2005）。

一位妻子因丈夫下班回家很少同她谈话、更不谈自己工作上的事，使她感到很难同丈夫交流思想；为此，她十分苦闷，并不得不求助于心理学专家。

心理学家通过咨询，发现这位妇女之所以很难同丈夫沟通，实质原因并不是丈夫不爱搭理她，而是她自己对丈夫的接纳性越来越差，夫妻之间的相互作用由此出现了恶性循环。她对丈夫的许多生活习惯越来越难以忍受，经常唠叨没完，结果使丈夫情绪恶劣，反过来对她产生讨厌情绪，不爱与她交谈。

针对这个案例，心理学家提出了一个运用角色扮演方法来矫正夫妻关系的方案。他要求这位妇女从第二天起，就像是一个完全与丈夫没有关系、不了解丈夫而又有修养的普通女性，对丈夫的生活习惯熟视无睹，绝不轻率地任意评价；并且，每天至少要从丈夫身上找到一个优点，并像对一般人那样给予夸奖。心理学家还强调，在这样做的时候，要保持一种意识，即自己根本不了解其实是丈夫的这样一个男人，他不过是一个刚刚相识、生活在一起的伴侣。

实施矫正方案的第一天，这位妇女感到要找到丈夫的优点真是难上加难，而看不惯的事却俯拾皆是。"你看，你凭什么吃完东西不马上收拾？""那件倒霉的衣服怎么又穿到身上了？"……但终于，她还是听从心理学家的忠告，忍住了自己的不愉快情绪，没有进行评论，并终于找到了一个夸奖丈夫的机会——丈夫把坏了的电灯开关修好了。"啊，开关修好了，我正愁没法子，谢谢你了。"这位妇女一开口这么说话，连自己也感到是装腔作势，很不自在。她已经很久没有这样说话了。

在以后的几天里，情况仍大致如此。

但是，三个星期之后，奇迹发生了。这位妇女发现，现在再要找到丈夫的优点并加以由衷的夸奖，已不再是一件困难的事了。"看，他对工作总是那么负责；他对孩子总是那么友好；他很能干……"丈夫在她心目中的形象变了。心理学家们发现，人们改变一种观念或意识的时限是三个星期。三个星期之后，求助于心理学家的妇女对于丈夫的态度发生了实质性转变。她开始由衷地接纳丈夫，并感到对这样一个好丈夫"唠叨没完其实是个坏毛病"。

做丈夫的当然也会感到妻子如此明显的变化，因而开始自我反省，并诚恳地向妻子做自我批评，决心改掉自己的坏毛病。夫妻之间的情感重新融洽，二人之间的相互作用出现了良性循环。

第四节　亲密关系

人际吸引是人际关系发展的前提和基础，在人际吸引的基础上，人们之间的关系会从一般性的关系发展到亲密关系。朋友、恋人、夫妻以及家庭等关系都属于亲密关系，这些亲密关系对每一个人的生活都是必不可少的。爱情是一种特殊的亲密关系，是人际吸引的最强烈和最高形式。裴多菲在诗里歌颂道："生命诚可贵，爱情价更高。"梁祝化蝶，罗密欧与朱丽叶同生共死，大师们笔下最不缺的就是爱情，可以爱得细水长流，也可以爱得凄美绝伦，那爱情究竟是怎样的一个东西呢？

一、爱的定义

心理学家们对爱情进行了长久而热烈的探讨，但迄今并没有一个确切的定义可以涵盖爱情的全貌。大家公认的看法是，爱情有广义和狭义之分。广义的爱情，通常指的是存在于各种亲近关系中的爱，意味着人际关系中的接近、悦纳、共存的需要及持续和深刻的同情、共鸣的亲密感情。而狭义的爱情是指心理成熟到一定程度的异性个体之间强烈的人际吸引。

爱情与喜欢是什么关系呢？有人认为爱情仅仅是喜欢的一种方式，是强烈的喜欢。这样看来，我们的积极情感是一个连续的变化体，从轻微喜欢到强烈喜欢，再从轻微的爱情到强烈的爱情。

心理学家鲁宾（Rubin，1972）把爱情定义为一个人对另外一个人的某种特殊的想法与态度，不仅包括审美、激情等心理因素，还包括生理唤醒与共同生活的愿望等复杂的因素。在对大学生的研究基础之上，他确定了爱情的三个主题：①依恋：指需要及渴望对方的感受，这种感受可以这样描述："我难以想象没有_____的生活"；②关怀与奉献：恋人之间会彼此高度关怀对方，愿意尽自己最大的努力使对方快乐和幸福，随时满足对方的需求。如"我愿意为_____做任何事情"；③信任：愿意把自己的一切告诉对方。

比较一致的观点认为爱情与喜欢有四点不同：①爱情有较多的幻想，喜欢则不是由对他人的幻想唤起，而是由对他人的现实评价唤起；②喜欢是一种单纯的情感体验且比较平稳、宁静，而爱情则比较狂热、激烈且与许多相互冲突的情绪有联系；③爱情往往与性欲有关，而喜欢则不涉及这方面的需要；④爱情具有独占性和排他性，而喜欢则不如此。

虽然爱情与喜欢是不同的，但喜欢是爱情的基础。研究表明，影响喜欢的因素也影响爱情。前面所讲的影响人接收吸引的因素，如能力、外貌、品质、相似与互补、邻近与熟悉等因素也是决定一个人最终选择什么样的人做恋人或伴侣的重要条件。

为了从理论上全面了解不同类型的爱情，斯腾伯格（Sternberg, 1986）提出了爱情三角理论（triangular theory of love）。他认为所有爱情体验都包括三个基本的组成成分：亲密（intimacy）、激情（passion）和承诺（commitment），这三个成分分别代表了爱情三角形的三个顶点。

亲密指爱情关系中能让双方感到亲近、彼此关联的情感。包括对爱人的赞赏、照顾爱人的愿望，自我暴露和沟通内心感受，提供物质和精神上的支持等。

激情指的是在爱情关系中带来强烈情绪体验的驱动力，外表吸引力和性需要可能是最明显的。其他动机，如自尊、支配、养育及自我实现等需要也是能引起激情体验的唤醒源。

承诺指与对方相守的意愿及决定，包含两个含义：一是指短期内爱一个人的决定；二是长期关系中为维持这种爱而作出的承诺或担保。能传达承诺成分的行动有誓约、忠实、共渡难关、订婚、结婚等。

在这三种成分中，亲密是爱情的情感成分，激情是爱情的动机成分，而承诺则是爱情的认知成分。

斯腾伯格根据这三种成分在爱情中所占的不同比例，区分了七种爱情形式。

1. 喜欢（liking）：只包括亲密，如友谊关系。

2. 迷恋的爱（infatuated love）：主要是激情，没有亲密和承诺，如在少男少女的初恋中常见到这种爱。

3. 空洞的爱（empty love）：以承诺为主，缺乏亲密和激情，如中国古代依媒妁之言而成的婚姻关系中的爱。

4. 浪漫的爱（romantic love）：激情和亲密的组合，但没有承诺。情侣在身体和情感上相互吸引。

5. 同伴式的爱（companionate love）：有亲密和承诺，没有激情。爱人之间感情平淡、细水长流。如在激情过后的长久婚姻中看到的爱。

6. 虚幻的爱（fatuous love）：有激情和承诺，没有亲密。这种爱情从相识到坠入爱河快速短暂，因缺乏亲密要素维持，激情过后，常使感情迅速消退。

7. 完美的爱（consummate love）：是爱情的最高体验，激情、承诺和亲密俱有，但是很难达到。

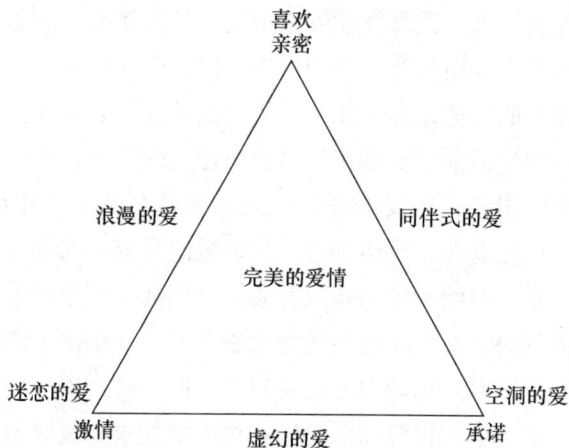

图 6 - 1　斯腾伯格的爱情三角模型

二、进化与爱情

在爱情中，很重要的一点是双方对于异性伴侣的选择。大量对异性伴侣选择的研究发现，人们选择伴侣时所重视的特质有一些稳定的性别差异。首先，虽然两性都喜欢具有外貌吸引力的伴侣，但是男性对伴侣外貌吸引力的重视程度超过女性。其次，对年龄也有不同的要求，女性更喜欢比自己年龄大些的伴侣，而男性更喜欢年轻些的伴侣。最后，女性比男性更注重伴侣的经济情况。

从进化心理学的角度来看，为了使繁衍后代的成功率最大，男性和女性发展出不同的择偶偏好。对女性而言，繁殖后代在时间、精力以及人力上的成本都是非常高的，她们必须承受怀孕和分娩的不适，接着还要照顾后代直到他们成年，因此，她们选择那些可以为她们提供养育后代所需资源支持的伴侣，也就是说，她们更重视男性的经济状况和职业成就，因为这些代表了她们和后代将会需要的资源。其中，经济资源的多少是最为显著的线索，即使在各种不同的背景下，女性对于经济资源都相当重视。不仅如此，女性在择偶时，还会看中对方的社会地位，例如对方的教育程度和职业水平，这些都是与社会地位密切相关的。就像年幼的雄狮狮只有在成年后才有可能进入狮狮社会的高阶层一样，人类社会的青少年和年轻人也很少拥有成熟男性的声望和地位。平均而言，女性偏爱年长约 3 岁半的男性，因为随着年龄变化最普遍的变化之一就是资源的增长。很明显，女性比男性更多地要求配偶热爱工作、具有职业导向、勤奋并且具有抱负心；并且选择稳定和可靠的配偶，可以让女性能够从中获得长期稳定的资源供给。在运动能力、健康和外表这三个方面占有优势的男性，也更容易受到女性的青睐。在人类进化历程中，身体上的保护是男人能为女人所做的最重要的事情之一，而和一个身体欠佳的人在一起生活则需要承担许多适应性上的风险。女性不仅要选择一个拥有生活必需资源的男性，还要选择一个愿意为她及其子女作出资源承诺的男性。无论对于男人还是女人，承诺都被看作是爱的最核心的部分。这种行为包括放弃与其他人的关系、开始谈婚论嫁以及表达共同拥有孩子的愿望。如果一个男人表现出这些爱的行为，就意味着他愿意为她及其子女作出承诺。承诺有很多方面，其中主要的一个方面是忠诚，还包括对爱人的物资付出、情绪上的支持、时间和精力的投入、牺牲个人目标而尽量满足对方的需求以及繁殖行为。

而男性可以使许多女性怀孕，却不必在抚育孩子问题上投资过重，所以对他们来说重要的是女性繁殖后代的能力。年轻是一个关键的因素。根据记录，女性超过 20 岁以后，她的繁殖价值随着年龄平稳下降；女性过了 40 岁，繁殖价值就很低了；而到 50 岁时几乎为零。尽管青春期的男性愿意接受和稍年幼的女性约会，但是他们显然更愿意和稍年长的女性约会。随着年龄的增长，男性开始偏好比自己年轻的女性，男性理想中的妻子要比自己小接近两岁半。对于美的评价标准一般包括丰满的嘴唇、光洁的皮肤、明亮的眼睛、亮泽的头发、恰到好处的肌肉、匀称的体型，以及轻盈的步伐、生动的表情和充沛的精力，因为标志年轻与健康的身体线索都体现了生育力与繁殖的价值，当然，面容美并不是美的全部。受文化影响最大的审美标准是对体型胖瘦的偏好。在青春期之前，女性臀部的脂肪堆积造成她们的腰臀比率（WHRs）显著低于男性。健康、有生育能力的女性的 WHRs 在 0.67 ~ 0.80 之间，而健康男性的腰臀比率在 0.85 ~ 0.95 之间，而男性把体重正常而且 WHRs 低（0.70）的女性评价为最具吸引力。在择偶的情况下，性魅力和长得好看对男性起的作用都比对女性大得多。男性把性魅力评为最重要的，而女性认为它并不是关键性的。男性对性魅力的偏好似乎是凌驾于文化之上的一种普遍心理机制。

三、文化与爱情

就社会文化角度来说，男性和女性承担着不同的社会角色。男性被认为是供养者，他们决定了家庭的经济和社会地位；女性则被认为是主妇，负责照顾家庭和孩子。此外，通常女性的经济地位低于男性，受教育机会也少于男性。理所应当的一个结果就是女性选择能够提供更多资源的丈夫，男性选择献身于家庭的年轻女性。还有研究者认为，男性之所以看重伴侣的外表，是他们接受了几十年广告和媒体的影响的结果。这些广告和媒体影像突出女性的美貌，并带有凸显其性意味的趋势。我们总是倾向于认为大多数人会和自己拥有相同的感受和想法，比如，我们会认为爱情是婚姻的前提。文化标准决定了我们的期望，界定了行为是否正常。根据有些学者的看法，西方文化越来越多地强调个人主义和享乐主义，结果我们从我们的亲密对象那得到越来越多的快乐和幸福，更少的麻烦和牺牲。在大部分的文化背景中，89%的人们都抱有浪漫爱情的观念，这种观念通过男女之间的调情和私奔等行为反映出来。但也有一些文化，特别是在那些实行包办婚姻的社会中，爱情出现在婚姻之后而非先于婚姻。直到最近，北美地区的人们（特别是女性）在做婚姻选择时，依然会受到对方经济条件、家庭背景、社会地位等因素的影响。

四、亲密关系的结束

如果选择的配偶不是自己所满意的，那么，彼此的亲密关系就会结束，恋爱者可能会失恋，已结婚者可能会离婚。但是亲密关系的结束不仅仅包括婚姻关系的结束，还包括其他形式的亲密关系的结束，如同居关系、约会关系和友谊关系的终止。当然，在许多情况下，把这种经历叫"终止"有些言过其实了。伴侣们之间的关系也只是变得不那么亲密、不那么相互依赖而已。此外，除了分居和离婚，亲密关系也可以因死亡而结束。

（一）结束亲密关系的后果与反应

一刀两断会产生一系列可以预料的结果：最初是对失去的伴侣不能释怀，然后是深深的悲伤，最后开始了情感上的分离并回到正常生活中。即使早已没有感情的夫妻，在刚离婚的时候也会惊讶于自己还有接近对方的意愿。

深入而长久的依恋关系很难快速地分离，因为分离是一个过程，而不仅仅是一个事件。在约会的情侣中，关系越是亲密、长久，可选择的其他对象越少，分手时就越痛苦。对已婚者来说，离婚还有额外的代价：父母和朋友感到震惊，对自己违背誓言感到内疚，养育孩子的权利可能受限。然而，每年仍有上百万对夫妻愿意付出这个代价而使自己获得解脱，因为他们觉得持续一段痛苦而无所获益的婚姻关系将是更大的代价。

在一项对328对已婚夫妇的研究中发现，持续一段不幸婚姻的代价还包括：与婚姻美满者相比，婚姻不和谐者抑郁症的患病率会高出10倍。当婚姻关系令人感到痛苦时，那些没有更好的可选对象或感觉自己为婚姻投入太多的人，通常会去寻找离婚之外的应对方式。

拉什伯特（Rusbult）和她的同事发现了人们处理失败婚姻关系的其他三种方法：①一些人会忠诚于伴侣，等待时机以改善关系。婚姻关系问题如此痛苦，令人不愿提及，加之离婚的成本太高，因此忠诚的一方会坚持下去，期待昔日美好光阴的重现。②有一些人（尤其是男性）会忽略伴侣，他们无视另一方的存在并任由婚姻关系继续恶化。当他们将痛苦和不满忽略掉之后，情感上的分离便随之而来，伴侣之间谈话更少并开始重新定义他们没有彼此的生活。③有一些人会表达他们在乎的内容，并采取积极措施改善婚姻关系，如讨论问题、寻求建议、尝试改变。

（二）结束婚姻关系的必经之路：分居

一段婚姻的开始往往以同居为起点，而一段婚姻的结束必然要经过分居而走向终点。由于离婚率的上升，现在许多学者开始关注分居给人们的身心所带来的不利影响。

据研究发现，分居通常包括以下几个阶段：

6-2 离婚在盛行？

1. 发现问题。这既可能是对各种各样的忧虑的逐渐认识，也可能是突然的、引人注目的一次事件。在这个阶段，不满意的人评估其伴侣的行为、注意到一些问题、估计脱离关系的成本、考虑其他选择的好处，诸如此类。在这个阶段的普遍情绪是挫折感和不快。

2. 暴露不满。不快的人随后表明他的不满，此时，不满意的一方会直接或间接地表达脱离关系的愿望。如果人们用间接的方式，他们就自行离开，而不曾直截了当地声明终止关系的愿望。如果你的男朋友告诉你他有很多的报告要赶，还不理睬你的信息，即使互通电话时也总是寥寥数语，那么十有八九，他想结束你们之间的亲密关系。除了这种形式的冷漠外，其他间接方式包括：告诉你只是想成为朋友（实际上是想完全终止关系），或用各种方法使你们难以维持关系。更直接的方式包括：不满意的一方可能讲明其对关系现状的感受，并由此开始共同讨论分居，或直言关系结束了"我不想再见到你了！"。这一阶段的普遍感情包括震惊、愤怒、伤痛，而有时则是解脱。

3. 协商。一旦知道了问题，就会协商。如果提出者经常直接表达不满，那么伴侣可能接受终止关系。然而，被弃的一方常常不愿意终止关系，也许会许诺改善关系和给予更多回报。在讨论他们的不满的过程中，伴侣们可能努力建立协商的共同标准，明白地表达自己的需要，或者评估伴侣的观点。他们可能努力安抚对方或讨价还价，他们可能在努力达成一个解决方案时尽量控制紧张和矛盾的情绪，想要分居的一方可能改变主意。这时，夫妇可能努力修复关系，最终夫妇对他们的关系达成一致的决定。

4. 转变。一旦达成决定，关系仍需转变，可能会有"告别致辞"。对于共同生活的夫妇，一方得到新的住处去。互动的频率、性质和持续时间方面以及由关系决定的方式上将会有所改变。疑虑不再集中在未来的关系上，而是集中在个人的未来上。身体和心理的紧张源于失落感和地位的改变，哀伤的过程可能开始了。伴侣们将开始公布他们关系的改变，对于他们自己以及他们的圈中人，他们将会对关系的完结作出解释。

5. 掩饰伤痛。目标是把这段关系抛在脑后，熬过去。这个阶段的工作主要是认知方面的，清理与这段关系有关的记忆和为这段关系从头到尾的过程编一个可以接受的故事，可能存在简单化和合理化。

大多数亲密关系不是一夜之间结束的，他们从发现不满转变到破裂平均要经历 30 周时间。对于以离婚结束的婚姻，试图分居的平均周期可能要长得多。

尽管大多数关于婚姻的研究都是针对问题出发的，但人们的初衷是希望维持美好的爱情、保持长久的婚姻关系、最终让亲密关系伴随一生。有研究显示，成功的婚姻通常具有如下特征：更强调友情、承诺、信任、社会支持、相似性以及共同培养的正向情绪，与爱人之间培养一种友情，努力保持新鲜感，抓住每一个机会与你的配偶享受新奇的探索。如果对伴侣热切的渴望渐渐演变成为平静但深切的情感，不用觉得奇怪，这一结果可能会使你成为一个有运气的爱人。

6-3 增进婚姻幸福的十条建议

复习题

1. 什么是人际关系，它的特点是什么？

2. 哪些因素会影响人际吸引？

3. 什么是自我暴露，它的作用是什么？

4. 简述斯腾伯格的爱情三角理论。

5. 简析亲密关系的结束过程。

6. 根据影响人际吸引的因素，谈谈如何让人们更轻松地喜欢上你。

参考文献

1. ［美］戴维·迈尔斯：《社会心理学》，侯玉波、乐国安、张智勇等译，人民邮电出版社 2006 年版。

2. 俞国良：《社会心理学》，北京师范大学出版社 2006 年版。

3. 乐国安主编：《社会心理学理论新编》，天津人民出版社 2009 年版。

4. ［美］莎伦·布雷姆等：《亲密关系》，郭辉、肖斌译，人民邮电出版社 2005 年版。

5. 金盛华主编：《社会心理学》，高等教育出版社 2005 年版。

6. 朱迪·C. 皮尔逊：《如何交际》，陈金武、朱家麟、黄星民译，湖南人民出版社 1987 年版。

第七章　助人行为

　　2014 年 5 月 31 日下午，宜春三中高三学生柳某某与两名同学相约一起回家，他们在宜春贸易广场汽车站坐上了宜春至金瑞的班车。突然，一名男子从倒数第二排的座位上站起来，挥舞菜刀将 5 名乘客砍伤。当歹徒继续举刀要伤及更多乘客时，柳某某不顾自身被砍的剧痛，一直死死地抓住歹徒握刀的手不放，最终把歹徒的菜刀夺了下来。

　　2011 年 10 月 13 日下午，佛山年仅两岁的女童小悦悦走在巷子里，被一辆面包车两次碾压，几分钟后又被一小货柜车碾过。经事发地旁边一间劳保店的视频监控记录，事件发生的前几分钟内在女童身边经过的 18 个路人，或是视而不见，或是看两眼然后都选择离开。

　　为什么我们会帮助别人？又是什么原因让人见死不救？人们在什么情况下会帮助别人？有哪些办法可以促进助人行为的发生？本章将对这些问题进行探讨。

第一节　助人行为及其相关的概念

　　日常生活中，人们会做出符合社会期望，对他人、群体或社会有益的行为，如分享、合作、助人、安慰、同情等行为，这类行为被称为亲社会行为（prosocial behavior）。需要注意的是，不能将亲社会行为简单地理解为对他人"有益"，而忽视了"符合社会期望"这一重要特征。对他人有益未必是亲社会的，对触犯法律的人进行包庇虽然可能对其产生积极的后果，但这一行为不是亲社会而是反社会的。

　　以特定的个人或群体为对象的亲社会行为被称作助人行为（helping behavior）。依据动机，助人行为可分为两类：一类是具有个人意图的、为了自己的利益而发生的行为。比如，某个高校学生之所以去临终关怀医院参加关爱临终老人的志愿活动，是为了评奖学金时加分，或充实他的简历以便将来可能获得更好的工作，那他的行为就属于有个人目的的助人行为。另一类是无明显自私动机、不期望回报的、自觉自愿的助人行为，即利他行为（altruism behavior）。例如，看到有人落水后奋不顾身地跳进水里，将人救出后不留姓名就离开；匿名向受灾地区群众捐钱捐物。

值得注意的是，我们很难准确地判断一些助人行为背后真正的动机，所以很多研究者质疑到底有没有真正的利他行为。巴特森（Batson，2011）认为，我们帮助他人的行为同时受到利己和无私的动机的影响；因某人不幸而感到痛苦既会驱使我们逃离这种情境，也能促使我们提供帮助，从而解除我们的痛苦。巴特森提出的共情—利他假说认为，人们的确存在纯粹出于善心的利他行为，其产生条件是人们把自己放在需要帮助的人的位置、以他们的方式体验事件和情绪，即对需要帮助的人产生共情（empathy）。

例如，当你在散步时看到一个抱着婴儿的男人，手里领着一袋子水果。当他给婴儿戴上小帽子时，一不小心把袋子拉扯破了，里面的水果蹦蹦跳跳地散落在地上。你会帮助他捡东西吗？根据巴特森的观点，这首先取决于你是否对他产生共情。如果产生了，你就会帮助他，而不会计较你会得到什么，因你的目的是减轻别人的苦恼，而非为了自己得到些什么。因此，共情—利他假说的核心是：当我们对另一个人发生共情，无论我们会得到什么，都会试图出于纯粹的利他主义理由来帮助这个人。当你没有产生共情，那得失的权衡就开始起作用了。如果你能得到一些东西，如他人的赞许或感激，你也许会帮助他拾起东西；如果你预计不会得到好处，你就会继续走你的路而不会停下来。上述利他行为的产生路径如图7-1所示。

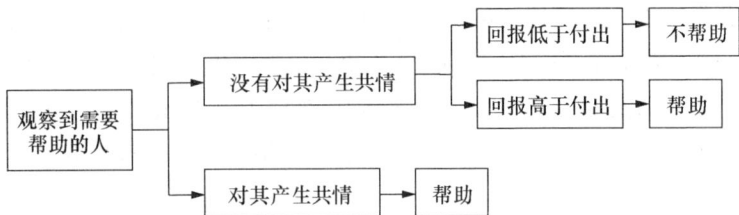

图7-1　共情—利他假说

从以上的分析可以看出，亲社会行为、助人行为、利他行为三者存在着包含关系；亲社会行为包括助人行为，助人行为又包括利他行为（参见图 7 -2）。需要注意的是，现有的很多研究并没有严格地区分亲社会行为与助人行为，不同研究者对助人行为与利他行为的关系也持不同意见。

7 - 1 共情引发的利他主义的益处与缺点

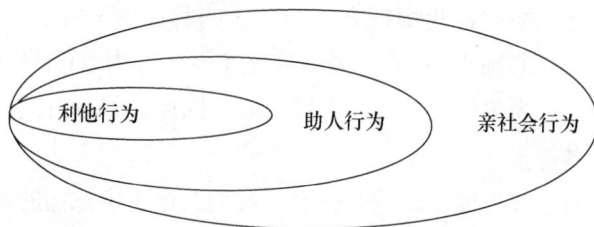

图 7 - 2　亲社会行为、助人行为、利他行为三者关系图

第二节　助人行为产生的原因

研究者们提出了多种理论对助人行为的原因加以解释，下文主要介绍进化心理学与社会规范理论。

一、进化心理学

进化心理学认为，生命的本质就是使基因最大化地延续下去。达尔文（Darwin，1859）曾指出，经过自然选择的过程，有利他天性的生物更有可能使它们的物种留存下来。例如，斑鸠母亲在看到一只狼或者其他的食肉动物接近它的孩子时，它就会假装受伤，一瘸一拐地逃出穴窝，好像翅膀折断了一样。这样，食肉动物就会跟踪它，希望进行一次比较容易的捕食。一旦老斑鸠将敌人引到安全距离之外，它就会一飞而走。斑鸠母亲的策略常常成功，但有时候也会失败而被敌人吃掉。它虽然牺牲了自己，却保护了它的物种，使小斑鸠有可能活到成年，繁殖后代。人类历史上也有许多这样的例子。一个家庭、国家或民族之所以能够保存下来，就是因为少数的勇敢者献出了自己的生命。

诺瓦克和海菲尔德（Nowak & Highfield，2011）认为，人类是生物王国中的超级合作者，并且采用了多种方式来克服自私、帮助别人。这些方式主要有：①亲缘选择：如果你身上有我的基因，我就会帮助你；②群体选择：互相帮助的群体更易生存。

（一）亲缘选择

基因使我们愿意关心那些与我们有亲缘关系的人。为孩子做奉献就是一种能够提高我们基因延续性的自我牺牲方式，基因的利己主义（生物水平上）促使了父母的利他主义（心理水平上）。虽然进化支持人们为自己的孩子做出自我牺牲，但孩子却不太会为父母的基因而去冒风险，因此，父母对其孩子的奉献比孩子回馈他们的要多得多。

按生物学上的亲疏程度，其他亲戚也与我们共享一定比例的基因。帮助近亲是我们的本性，以此增加基因遗传的机会。例如，在紧急情况下（如火灾），人们更可能帮助血亲而非无血缘的人。伯恩斯坦（Burnstein）等（1994）的研究结果支持了这一点。在他们的研究中，来自美国和日本的大学生被问道，如果有三个人都处于巨大危险的情境中（如在一间迅速燃烧的房间里），但只能救其中的一个，你会选择谁？这三个人和学生们的血缘关系各不相同；一些是较近的亲属关系，如兄弟（在基因上有一半重叠）；一些关系远些，如熟人（在基因上无重叠）。如图7-3所示，学生最想救的人是与他们血缘关系最近的人。当问及学生如何处理日常事务，例如，他们都想让你去办件事，你会帮助谁？如图7-3所示，这种亲缘关系效应虽然仍存在，但不是非常明显。事实上，亲戚关系在生死情景中要比日常生活情景重要，这种结果对日本人和美国人都一样。

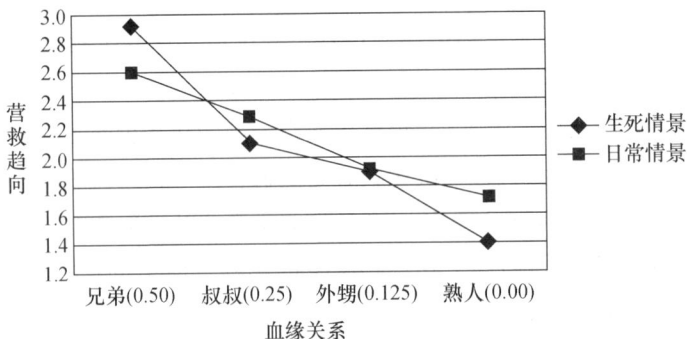

图7-3　帮助亲戚的趋向

一些进化心理学家认为，亲缘保护还决定了种族的内群体偏爱，这正是历史上和现实中数不清的种族冲突的根源。威尔逊（Wilson，1978）认为，亲缘选择是社会文明的敌人；人类在很大程度上被引导去偏爱他们的亲人和部落，那么世界和平的可能性将非常渺茫。

（二）群体选择

在基因竞争中，为什么战士们会用自己的生命来换取战争的胜利？达尔文认为，其中一个原因就是群体选择：当群体之间进行竞争时，相互支持的、利他的群体比不利他的群体会存在得更长久。这方面最有力的证据之一来自群居的昆虫，蜜蜂和蚂蚁为了自己族群的生存会忘我地劳作。人类对自己所属群体的忠诚也会通过牺牲自己来支持所谓的"我们"。因此，自然选择是多层次的，无论在个体还是种群层面都会存在。

二、社会规范理论

很多时候，我们帮助他人并不是因为他人与我们同属一个家族、一个群体，而是因为社会规范告诉我们应该这样做，例如，我们应该归还捡到的钱包。规范，即生活中的种种"应该"；它们规定了我们应该做的适宜行为和应尽的责任与义务。研究者们确认了两种驱动助人行为的社会规范：互惠规范和社会责任规范。

（一）互惠规范

社会学家古尔德纳（Gouldner，1960）认为，一种被人们普遍接受的道德准则就是互惠规范：对于那些曾经帮助过我们的人，我们应当施以帮助而不是伤害；我们对他人"投资"，因而期待获得红利。甚至21个月大的婴儿也会表现出互惠性，他们更愿意帮助曾送过自己玩具的人。互惠规范也适用于婚姻，有些时候，一方的付出好像多于收获，但从长远来看，交换会是平衡的。

当人们不能给予回报时，他们会因接受了帮助而感到回报的压力及自尊心的受伤。因此，骄傲、自尊心强的人通常不愿意寻求帮助。亚洲人的社会纽带和互惠规范比北美人更强，因此，他们更可能拒绝偶然结识的人所送的礼物，以免承受还要回馈对方的压力（Shen et al.，2011）。

（二）社会责任规范

互惠规范提醒我们要保持社会关系中的取予平衡。但对于一些依赖性很强且无力回报的人，比如孩子、非常贫困的人、残疾人，社会责任规范就会引发我们的助人行为。

社会责任规范指人们应该帮助那些需要帮助的人，尤其是那些应该得到帮助的人。如果一个需要帮助的人是环境的受害者，如遇到自然灾害，人们就应尽全力帮助他走出困境；如果他的困境是自找的，如因懒惰、不道德、缺乏远见等而作茧自缚，那么，他得到的帮助可能会少些。也就是说，人们的反应与其所做的归因密切相关。如果我们把别人的需要归因为不可控的困境，我们就会帮助他们；若归因于他个人选择的话，公平的规范就不要求我们去帮助他，而会认为那是他咎由自取。归因不仅影响人们的助人行为，也影响公共政策的实施。2008年，很多美国民众反对政府帮助失败的汽车制造商，因为他们认为制造商应该为自己目光短浅的决定负责。

鲁道夫等（Rudolph et al.，2004）对30多篇相关的研究进行了评述后指出，助人行为的激发关键在于你的归因是否唤起了同情。如图7-4所示，在这个模型中，助人行为的产生受人们对困境的解释以及由此引发的同情所调节。

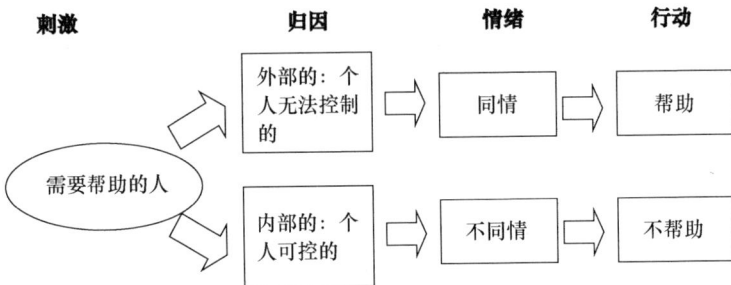

图7-4 归因与助人行为

第三节 影响助人行为的因素

我们的生活不断演绎着乐于助人的动人故事，与此同时，见死不救的冷漠故事也在不断上演。1964年3月13日凌晨3点，美国纽约，酒吧女经理吉诺维斯在即将到达寓所时，遭到持刀暴徒的侵袭。她惊恐的尖叫声与呼救声吵醒了邻居，许多公寓的灯都亮了，人们从窗口探出头来看看究竟发生了什么事。实施攻击的男子准备离开，但当他看到没有人过来帮助受害者时，又回过头来刺杀这名妇女，直至她死去。后来的调查显示有 38 位目击者看到和听见了这次可怕的持续了 45 分钟的袭击，但是没有人出来提供帮助，甚至无人拨打电话报警。

这起凶杀案引发了社会心理学家对助人行为的深入思考和研究。在什么情况下，人们明明有能力帮助却袖手旁观？什么样的人更愿意伸出援手？什么样的人更可能得到帮助？本节将从环境、受助者和助人者这三个方面来探讨影响助人行为的因素。

一、情境因素

任何行为都是在一定的情境下发生的，助人行为也是如此。不同的情境对助人行为有不同的影响。例如，人们在晴朗和气温舒适的天气更愿意帮助他人；人们在白天比在晚上表现出更多的助人行为；与在小城镇和乡村生活的人相比，那些居住在大城市的人更不愿意转达电话留言、处理那些被寄错了的信件、配合访谈者、帮助走失的儿童等。在这里，我们主要讨论旁观者的数量对助人行为的影响，以解释在吉诺维斯案中为什么 38 位邻居都袖手旁观。

人们常把紧急事件中的不干预行为归因于旁观者的冷漠与无情，并认为自己是有同情心的人，在类似情境中会提供帮助的。那么，旁观者们真的是如此没有人性吗？社会心理学家拉坦内和达里（Latané & Darley，1968）认为，可能正是由于这么多旁观者的存在，才没有人提供帮助。当其他人存在时，人们不大可能去帮助别人，而且其他人越多，助人的可能性越小；拉坦内和达里把这种现象称做旁观者效应（bystander effect）。他们的一系列实验都证明了这种现象的存在。

为什么人们在群体里比单独时有较少的助人行为呢？拉坦内和达里猜想，当旁观者的数量增加时，任何一个旁观者都会更少地注意到事件的发生，更少地把它解释为一个重大问题或紧急情况，更少地认为自己有采取行动的责任，即出现了责任扩散现象。拉坦内和达里（1970）将一个人面对突发事件时的反应概念化成几个基本步骤（如图 7 – 5 所示），在每个选择点上，既可以导致助人行为发生，也可导致人们袖手旁观。在每个步骤里，选择不帮助是最简单最省力的。

（一）第一步：注意

在许多场合，人们并没有注意到突发事件，对他们而言，危机并不存在。在我们的日常生活中，我们忽略或过滤了许多景象和声音，因为这些东西与我们个人没有什么关系。如果我们不这样做的话，就会处于信息超载的状态。当一个人过多地关注自己时，当一个人太忙时，当一个人处在一个很多、很乱、很嘈杂的环境时，即使是一个很明显的突发事件，他也不会注意到。所以，人们之所以没有提供帮助，是因为他们没有意识到突发事件的存在。

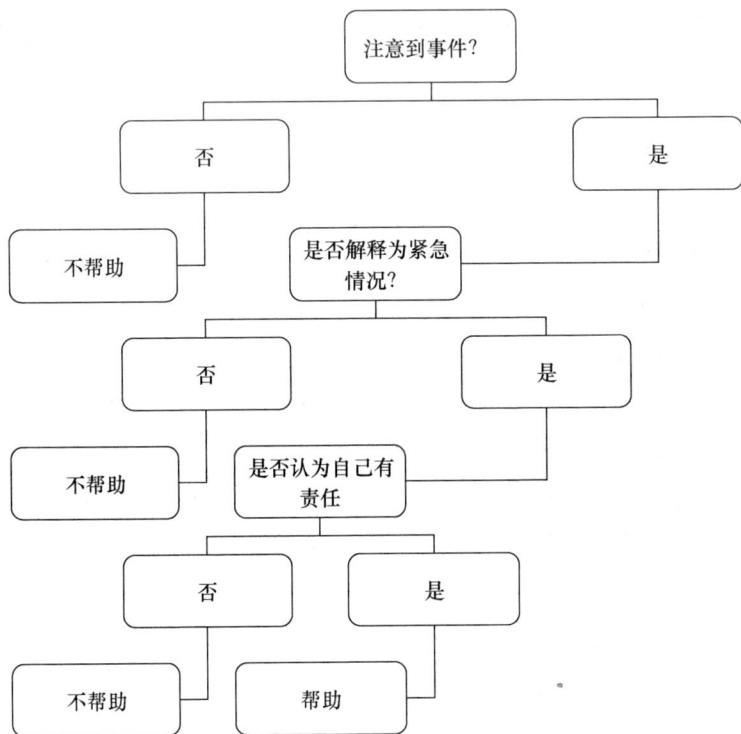

图7-5　危急事件中采取反应的决策步骤

（二）第二步：解释

即使人们注意到周围所发生的事情，仍然会不大清楚自己是否应该介入。比如，当你注意到街上一对男女正在撕扯，你不可能马上确定事件的性质，那么你就会对是否介入显得踌躇不前，并会等待更多的信息。别的人可能也和你一样。当事件的性质模糊不清时，我们倾向于参考他人的反应来对事件做出判断，这种对情境的判断受他人反应影响的现象，就是对情境的社会性定义（Social definition）。

拉坦内和达里于 1970 年用实验证明了旁观者对情境的社会性定义的作用。在实验中要求男性大学生坐下来完成一份问卷，几分钟后有烟雾通过气孔进入房间，很快烟雾变得非常浓重，人们几乎无法正常看东西和呼吸。如果被试是一个人待在房间内的话，他们一般会跑出来查看烟雾的情况，75% 的被试会向研究者报告这一情况；而当被试与两个实验助手同时待在房间内，且实验助手对烟雾没有反应时，只有 10% 的被试向研究者报告出现了烟雾。可见，有其他人在场时，个体常会参照他人的反应对发生的事件作出判断；而对同一情境的社会性定义不同会导致不同的行为反应。如果说一群旁观者中没有一个人能够确定所发生的事件，每一个人都依赖他人提供的线索，结果就没有人采取行动。另外，当有一群人在场时，如果人们知道别人正在注视着自己，就会以能够被大家喜爱和接受的方式表现自我，避免在别人面前表现得很不成熟或者很傻气，以减少社会贬低的发生，这种反应就是评价焦虑（evaluation anxiety）。所以，在上述实验中，虽然被试都处于浓烟滚滚的房间之中，但由于他人都表现得很平静，被试害怕如果过多地表现出对烟雾的关注，会被别人认为是愚蠢或胆小，所以也作出和他人相同的反应，这也是从众心理的一种表现形式。

想一想

7-1　有些人贩子在贩卖妇女或儿童时，一个人装作是妇女的丈夫或朋友，或装作是儿童的爷爷奶奶，将独自行动的妇女强行拉走，或将儿童强行抱走。当有旁观者准备介入时，人贩子的另外几个同伙会告诉旁观者说，这是他们认识的夫妻在争吵，或是母亲生气带着孩子离家出走，家里的爷爷奶奶来接，等等。在众人踌躇时，他们乘机逃离。

这些人贩子运用了什么心理学知识？

（三）第三步：确定责任

除了未能引起注意和错误的解释，责任的扩散（diffusion of responsibility）也是旁观者效应产生的重要成因。如果有其他人在场，那么，每个在场者所分担的责任就会减小；因为每个人都认为助人的责任和可能的成本应该由大家共同承担，即提供帮助的责任扩散到在场的每个人身上，这就是所谓的责任扩散。如吉诺维斯案中，因为知道还有他人在场，但是却不能和其他人交谈，也不能看到别人的行为，个体会倾向于假设其他人已经提供了帮助（如打电话报警了，事后的采访证明确实如此），自己就不需再采取行动了。

研究发现，当只有一位旁观者时，受害者更有可能得到帮助（Stalder，2008）。单个的旁观者之所以比一群人的旁观者更可能采取行为，原因之一就是当时没有其他人分担责任。在互联网的沟通中也如此，当人们相信自己是唯一被请求给予帮助的人时，更容易提供帮助（Blair et al.，2005）。

二、求助者的特点

这个世界需要帮助的人很多，但并不是每个需要帮助的人都能得到他人的关注而走出困境，什么样的人更容易能到别人的帮助呢？

（一）性别

> 想一想
>
> 7-2 开学季，一个漂亮的新生学妹和一个高大的新生学弟都请你帮忙拎行李，你会帮谁呢？

前文已提过，社会责任规范召唤我们帮助那些需要帮助的人。所以，处于危难中的女性，由于其体格上的相对柔弱，通常会比男性得到更多的帮助，特别是来自男性的帮助。例如，当泰坦尼克号下沉的时候，生还者中有 70% 的女性和 20% 的男性。虽然头等舱乘客生还的比率要比三等舱多 2.5 倍，但三等舱女乘客获救的比率（47%）要高于头等舱男乘客获救的比率（31%）。

已有的研究也表明，女性的确比男子更容易得到帮助。例如，女性开车出麻烦时，远比男子容易得到帮助；单身女性免费搭车时，远比单身男子和成对男女更易得到帮助。当然，男性向一位独行的女性所表现出来的侠义风度，也可能是由利他之外的动机所驱动。

女性不仅在处于困境时能获得更多的帮助，她们也会更主动地寻求帮助。她们寻求身体上和精神上帮助的次数是男性的两倍。电台电话咨询的来访者和校车咨询中心的来访者大部分是女性，她们向朋友的求助则更为频繁。纳德勒（Nadler，1991）将这个现象称为独立与依赖的性别差异。

（二）外貌的吸引力

一般情况下，人们更愿意帮助自己喜欢的人。而"爱美之心，人皆有之"，所以，在许多情况下，长相漂亮、英俊的人更可能获得他人的帮助。本森（Benson）等人在1976年进行了一项现场研究，他们将一份填好的研究生入学申请表放在机场的公用电话亭里，申请表上已经贴好邮票，只等寄出了。研究者操纵了求助者外貌特征这一变量：有的申请表上贴的是很有魅力的照片，有的则是无魅力的照片。结果表明，外表有魅力的人（无论是男性还是女性）的申请表有47%被寄回，而没有吸引力的人的申请表只有35%被寄回。

（三）助人者与求助者之间的相似性

助人者与求助者之间的相似性也会影响到助人行为的发生。因为人们喜欢那些与自己相似性的人，而喜欢又会引发助人行为；另外，人们对那些跟自己相似的人更容易产生移情，因而也更乐于帮助他们。助人者与求助者之间的相似可以包括很多方面，如外表的相似、处境的相似、信仰的相似，等等。1971年安姆司威勒（Emswiller）等人让助手穿上保守的或另类的服装，然后向穿着"整齐的"或"嬉皮的"大学生求助，向他们要一枚硬币打个电话。结果发现，2/3的被试帮助了与自己穿着相似的求助者。

三、助人者方面的因素

（一）得与失的权衡

当面临紧急情况，为什么有些人明明有能力帮助却仍袖手旁观呢？其中一个重要原因就是旁观者考虑到了助人行为可能带来的麻烦和损失。例如，当两个人非常凶狠地动刀打架时，旁观者一般不会冒然插手干预的，因担心自己会受到伤害。即使不会威胁到助人者的身体安全，仍然会有其他方面的担心。如，当看到有人跌倒在马路上时，若去相扶，就有可能被诬陷是自己撞倒的，那代价就太大了。在很多时候，仅仅是时间压力就会减少助人行为的发生，即人们觉得自己太匆忙了以至于没有足够的时间帮助他人。达里和巴特森（Darley & Batson，1973）对这一问题进行了探讨。在他们的实验中，要求神学院的男学生从一所建筑走到另一所建筑去听一个讲座。有一半的学生被告知不用赶时间，慢慢走就可以了；而另一半则被告知对方在等他们，必须尽快去。在前往另一个建筑的途中，被试会看到一个衣衫褴褛的人倒在路上不停地呻吟。没有时间压力的学生有63%给予了帮助，而时间匆忙的学生仅仅有10%给予了帮助。在研究后的访谈中，所有的学生都说看到过受伤者，而给不给予帮助也大都取决于时间压力的大小。

（二）责任

旁观者对别人陷入困境所应承担的责任也是他们决定是否给予帮助的原因之一。美国心理学家哈沃德和克雷诺（Havard & Kurleno，1968）在一所大学的图书馆里进行了一项现场实验，以探讨求助者的性别、旁观者的责任对助人行为的影响。研究者让一位实验助手扮演"求助者"，"求助者"的角色是一位大学生，他与其他几位同学（这几位同学并不知道他们已经被观察研究）坐在图书馆的一张桌子边看书。研究者再让另一个人扮演"小偷"，"小偷"衣衫褴褛、蓬头垢面、肮脏不堪。他走进图书馆，匆匆看了一眼围坐在这张桌子周围的人之后，就远远地坐在另外一个地方。当"求助者"离开阅览室之后，"小偷"拣起了一本"求助者"的书就消失了。当"求助者"返回时，发现他的书不见了，就表现出非常吃惊的样子，并请求其他人帮助寻找。不一会儿，"小偷"也回来了，但手里没有那本书。研究者想知道，坐在附近的那些学生会帮助"求助者"捉住这个"小偷"吗？研究结果表明：如果"求助者"是女性，会比男性更容易得到周围人的帮助；如果"求助者"在离开阅览室之前和周围的人聊过天，哪怕是问问时间，也会使"求助者"与旁观者之间产生了某种微妙的联系，从而增加了旁观者提供帮助的可能性；如果求助者在与旁观者谈话时要求他们帮忙照看一下东西的话，那么，旁观者在事后就更有可能帮助他寻找被别人拿走的东西，因为他们会感到他们有责任帮助求助者看好他的东西。

如果别人的损失与困境正是我们造成的，那我们就会有不可推卸的责任，就会感到深深的自责与内疚，从而会产生强烈的愿望来弥补自己的过错，就可能会通过助人行为来减轻个人的内疚感，并恢复动摇了的自我形象。

（三）性别

有研究表明：当发生危险时，男性比女性表现出更高的助人倾向，但这仅仅是针对女性求助者，尤其是漂亮的女性求助者；但在相对安全的情境中，女性比男性更乐于帮忙，且不会受到求助者性别的影响。

想一想

7－3　你看过小说或电影《烈日灼心》吗？主人公辛小丰在被捕前的七年里，为什么会全心全意地抚养被害人家里的小女孩呢？

图7－6　《烈日灼心》剧照

（四）道德与宗教信仰

奥里纳（Oliner）等人（1988）对第二次世界大战中营救犹太人性命的406名"营救者"进行了深入的研究，发现这些人非常强调从家庭、社会中学到的社会规范的重要性，如帮助他人的责任和"爱你们的邻居"的宗教信仰；有的人因为同情和怜悯而营救犹太人；还有人说自己是因为对他人的痛苦敏感，是公正和责任的道德信念使他们克服恐惧、将自己的生死置之度外。

世界上各大宗教都在宣扬要以怜悯和慈悲为怀。对53个国家11万余人的价值观调查的结果显示，每周参加两次宗教活动的人当志愿者的可能性是不参加宗教活动者的5倍（Ruiter & De Graaf，2006）。

（五）当时的心境

大量的研究表明，当一个人心情好的时候，如刚刚得到某种奖励、刚刚听到某些好的消息时，会更愿意给予帮助。这主要是因为提供帮助可以提升自我价值感，使自己感觉良好，从而延长积极情绪所保持的时间。但也有研究发现，积极的情绪所引发的助人效果只能保持大约20分钟这样短暂的时间；而且，当助人

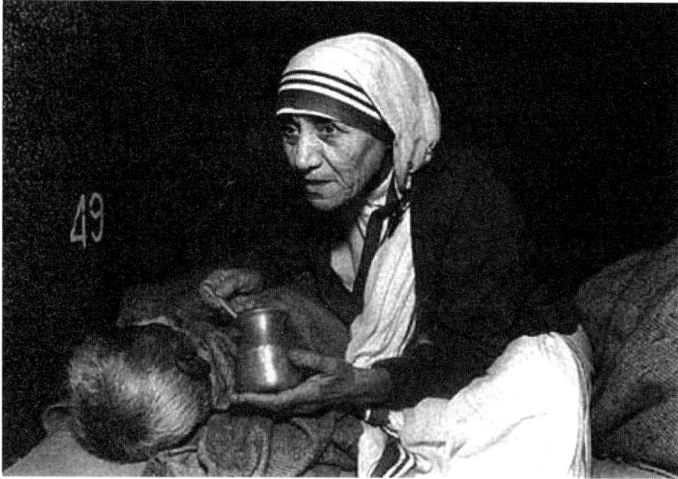

图7-7 人间天使——特蕾莎修女

者认为帮助他人会破坏好情绪时，这种好情绪反而会降低助人行为。

想—想

7-4 你帮助过别人吗？帮助别人后，心情是不是很好呢？

图7-8 帮助别人

坏心情对助人行为的影响要更为复杂一些。如果坏情绪使得人们更多关注自身和自己的需要，就会降低对他人提供帮助的可能。例如，沉浸在失去配偶或孩子的痛苦中的人，通常会经历一段强烈的自我关注期，而这抑制了对他人的付出。但是如果帮助他人会使自己感觉好些，可以减少坏情绪，就可能使我们愿意提供帮助。

第四节 如何促进助人行为

每个人在他的一生中不可能都是单打独斗，或多或少都离不开别人的帮助。这个世界正是因为人与人之间的互相帮助而变得更加美好。因此，如何提高每个人的助人意识进而提高助人行为就显得十分重要。那么，有哪些方法可以增加我们的善行呢？

一、明确责任

我们只有意识到自己有助人的责任时，才有可能付诸行动。因此，要增加助人的可能性，就需要帮助人们正确解释事件，从而增加责任的明确性。贝克曼（Bickman）与其同事们在1975～1979年所做的一系列实验研究证明了这一做法的正确性。该系列实验用目击别人在商店行窃后是否报告来测量助人行为。实验让有些被试先看到一些指示牌，旨在提醒他们注意商店中的偷窃行为，告诉他们怎样报告案件。结果表明指示牌几乎不起作用。而对另一些被试，则是听到另一个旁观者在解释所发生的事件："唉，看她，她正偷东西。她把那件东西放进了自己的包里。"这一实际为实验助手的旁观者假装急于寻找不见了的孩子，离开时被试还可以听到她在说："我们看见了事情的发生，我们应该报告，这是我们的责任。"结果证明，这种面对面的评论显著增加了人们报告偷窃行为的比例。旁观者的提醒使得事情的解释和责任都变得更为明确了。

二、增加互动

直接的人际互动可以明显增加人们的助人行为。因此，通过增加人际互动来激发人们的助人动机是十分有效的方法。所罗门（Soloman）等（1978，1982）所做的研究证明，即便是简单的相识也会使人们的助人倾向比不相识时有显著的增加。他发现，如果先让人们彼此相识，然后再让实验助手装作突然生病，那么人们要远比不相识时更愿意提供帮助。在另一个研究中，实验助手故意把陌生的被试当作好像认识的人来称呼。有意思的是，与没有错认而与被试打招呼的情况相比，由于错认而先打过招呼的人更容易得到帮助。有长途旅行经验的人也知道，如果我们先与素不相识的人打过招呼，或简单相互自我介绍过旅行目的地与社会身份，则我们可以更容易赢得别人的友好态度与帮助。

有关直接利用个人影响来呼吁帮助的研究，更进一步证实了人际互动对助人行为的促进作用。福斯（Foss，1978）调查了数百名献血者，结果发现，新入教的教徒都是由于有某个人的请求而献血的。贾森（Jason）等（1984）的研究表明，用亲友个人请求的方式呼吁献血，效果远比通常的公众宣传更好。西方许多慈善机构也开始用给捐助者派寄被资助儿童的个人照片与成长资料，来促进人们继续捐助贫困国家的儿童。

三、示范作用

示范作用对助人行为的提高是基于社会学习理论，即我们的助人行为可以通过观察他人的助人行为而获得。具体来说，示范作用可以用不同的形式来进行。

（一）现场的示范作用

正如其他旁观者在场时会使想提供帮助的人犹豫不决一样，利他行为的榜样人物会促进其他人的助人行为。布赖恩（Bryan）等（1967）考察了男性摩托车手是否愿意在高速公路上停下来帮助一位正在换汽车轮胎的妇女。他们发现，在车子开来的路上，刚刚看到过男性驾驶员帮助另一位妇女换轮胎的摩托车手，同没有看到过这一景象的摩托车手相比，前者更可能提供帮助。

研究资料显示，行为榜样能有效地引起儿童的助人行为。在一种滚球游戏中，儿童可赢得一种可在玩具店换礼物的代币。让一组儿童看到一个成年人把他的一些代币投入一个孤儿基金箱。这组儿童中，有近一半的儿童后来在他们单独一个人时也做出了助人行为——把代币投入箱子中。反之，另一组没有看到成人榜样的儿童，没有一个人做出助人行为。

（二）媒体人物的示范作用

研究表明，电视节目中的亲社会榜样对人的影响是巨大的。心理学家希罗德（Hearold，1979）发现，如果一个观众看的是亲社会节目，而不是中性节目，那么他的亲社会行为会显著增加。弗里德利奇与斯顿（Friedrich & Stain, 1973）以学前儿童为被试，选用一个教育节目的电视片，每天都放映一节，持续四周。结果发现，在放映期间，来自教育缺乏家庭的儿童变得更加合作与乐于助人，并更愿意表达自己的情感。

从上面两种形式的示范作用我们可以看到：观察到他人的助人行为增加了我们助人的可能性。当我们看到他人的助人行为受到鼓励表扬时，我们倾向于助人；当他人的助人行为受到责备批评时，我们倾向于不助人，这种强化同样也适用于我们自己的经验。

四、共情的培养

共情是对他人情绪的理解而唤起自己的与此相一致的情绪状态的过程，属于人际交往中情感的相互作用。共情研究的代表人物霍夫曼（Hoffman）认为，非常年幼的儿童已经能够体验他人的情绪状态，一旦儿童能够区分自我和他人，就会通过帮助困境中的他人来对这种共鸣的情绪作出反应。纳弗（Knafo）等（2008）通过研究发现，儿童表现出共情和亲社会行为的平均年龄是 14～36 个月。

想一想

7-5　如果你有了小孩，你打算怎样对他/她进行共情的培养呢？

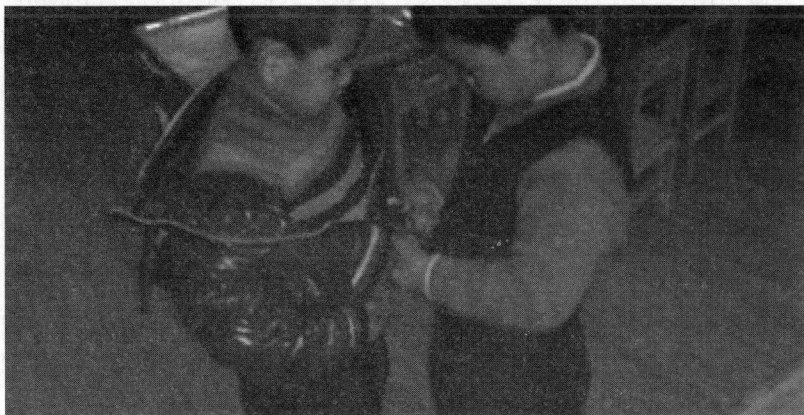

图 7-9　共情培养

艾森伯格（Eisenberg，1994）认为，共情对亲社会行为的影响是按"共情—同情—亲社会行为"这一模式产生的，有效的共情是对他人产生同情的基础，而同情又是对困境中他人实施亲社会行为的重要条件。大量的研究表明，共情增加了助人和其他的亲社会行为，是亲社会行为的重要促进因素。那么，如何培养共情呢？共情训练无疑是一种较有效的方法。寇彧与王磊（2003）让儿童参加一系列人为设计的活动，活动中引导儿童考虑他人的想法和情感，并想象自己在类似情境中的感受。结果发现，通过每周3次（每次15分钟）、共10周的训练，儿童普遍增加了亲社会行为，减少了攻击性行为。

五、助人动机的提升

社会心理学中有一种效应叫做"过度合理化效应"——当人们有强烈的外部动机来从事某一活动时，实际上会降低他们对于该项活动的内在兴趣。也就是说，如果人们把他们的帮助行动看作外部动机迫使的结果（例如，被要求做志愿者），会低估他们行动的内部动机。如果我们用引导人们内在动机的方法，使人们以充分的内在理由来促进这种有益的行为，则可以帮助人们最大限度地通过实施助人行为而使自己获得满足与快乐。

很显然，人们在解释"我为什么要帮别人"这一问题时，最佳的条件是使人们回答："因为有人需要帮助，我是一个有关怀心、乐于奉献和助人的人。"并且，人们越是相信自己帮助别人是出于高尚的利他动机，以后在遇到别人需要帮助时，做出助人行为的可能性就越大。而如果人们将助人行为归于利己动机，则再遇到有人需要帮助时，人们会倾向于首先从自己的角度考察是否值得伸出援助之手。斯特伦塔与凯荣（Strenta & Kejong，1981）研究发现，如果研究者告诉某些被试，个性测验显示"你是一个善良而关怀的人"，则与其他被试相比，他们会在后来遇到需要帮助的人时，显得更为友好与关怀。

六、助人技能的学习

心理学家斯陶布（Staub，1978）认为，助人行为有两个最关键的因素：一是对不幸者的状态加以设身处地地设想和体验的能力，即同理心能力；一是掌握如何帮助别人的知识或技能。因此，通过训练儿童的同理心能力和如何助人的实践，可以培养儿童的助人行为。

1971 年，斯陶布以游戏扮演的方法对儿童进行训练。实验分五种情境：①一个孩子在隔壁房间里从椅子上摔下来；②一个孩子想搬太重的椅子；③一个孩子因为积木被另一个孩子拿走而不高兴；④一个孩子站在路中间，一辆自行车正飞驰而来；⑤一个孩子因跌倒而受伤。研究者将每两个儿童组成一组，一个扮演需要帮助的不幸者，另一个扮演给予帮助者。实验先向帮助者依次描述各种需要帮助的情境，然后让其用各种自己能够想到的方法帮助"不幸者"，必要时研究者会给予提示。研究结果表明，角色扮演的游戏训练收到了良好的效果。与控制组相比，实验组表现出更多的亲社会行为，并且效果至少可以保持一个星期。该研究证明通过行为实践来培养亲社会行为是一种有效的方法，可以成功提高人们以后助人的可能性。

复习题

1. 简述亲社会行为、助人行为、利他行为的关系。

2. 你认为存在"真正的利他主义"吗？

3. 什么是"旁观者效应"？为什么会造成"旁观者效应"？

4. 什么样的人更倾向于帮助他人？

5. 如何促进助人行为的产生？

参考文献

1. ［美］阿伦森、威尔逊、埃克特：《社会心理学》，侯玉波等译，中国轻工业出版社 2005 年版。

2. ［美］戴维·迈尔斯：《社会心理学》，侯玉波、乐国安、张智勇等译，人民邮电出版社 2010 年版。

3. 金盛华主编：《社会心理学》，高等教育出版社 2010 年版。

4. ［美］R. A. 巴伦、D. 伯恩：《社会心理学》，黄敏儿、王飞雪等译，华东师范大学出版社 2004 年版。

5. ［美］R. 格里格、P. 津巴多：《心理学与生活》，王垒、王苏等译，人民邮电出版社 2003 年版。

6. 全国 13 所高校《社会心理学》编写组：《社会心理学》，南开大学出版社 2008 年版。

7. ［美］S. 弗兰佐：《社会心理学》，葛鉴桥等译，上海人民出版社 2010

年版。

　8. ［美］S. 泰勒、L. 佩普卢、D. 西尔斯：《社会心理学》，崔丽娟、王彦等译，上海人民出版社 2010 年版。

第八章 攻击行为

攻击行为是人类社会的一种普遍现象，不论人们如何努力，攻击行为也不可能销声匿迹，它们或表现为大的恐怖事件、战争，或表现为小的事件，如人与人之间的争吵。在本章中，我们将集中讨论什么是攻击行为，攻击行为是怎样产生的，攻击行为受哪些因素的影响，家庭、学校、社会可以通过怎样的努力来减少攻击行为的发生。

　　2009 年 12 月 31 日 21 时 37 分，北京市公安局 110 指挥中心接到群众报警，称大兴区旧宫某小区一住户屋内有人被杀。接报后，刑侦总队、大兴分局等部门立即赶赴现场开展工作，并迅速将嫌疑人张某控制。

　　经审查，张某系黑龙江省五常市人，当晚在旧宫某餐馆与申某等多人聚餐，其间大量饮酒。餐后，申某驾车将张某送回其暂住地，并应张某之邀进屋聊天。其间，因申某言语讽刺张某，引发二人口角，张某遂持刀将申某杀害。

　　张某的女友见状呼救，也被张某杀害。随后，张某又来到申某家中，将申某的父母和妻子杀害。作案后，张某又给自己的父母打电话，称自己杀人，并企图割腕自杀，后被前往现场的民警抓获。

这是一起典型的酒后导致的暴力案件，事件发生后在社会上引起了强烈的反响，同时也引发了人们对犯罪人犯罪原因的广泛讨论。有的人称是因为醉酒，嫌疑人在意识不清的情况下导致犯罪；有的观点则认为是因为嫌疑人潜在的犯罪基因而导致犯罪，因为喝酒的人那么多，为什么只有少数人会控制不住而发生暴力行为呢？还有一些观点认为是因为朋友的话使嫌疑人受到了刺激，从而引发了犯罪行为。

然而，不管是什么原因导致犯罪人产生攻击行为，血淋淋的事实却使我们更清楚地意识到：尽管我们倡导人类和平，但是事实上，我们生活的环境并不如我们想象中的那样平静和谐。悲剧过后，我们都应该清醒地认识到，只有更多关注如何防止攻击行为的产生，才能使这些悲剧不再重演。

现在请你思考一下，这些事件或行为属于攻击行为吗？

（1）你在电视上看到了有关美国9·11事件的报道；

（2）你在观看 NBA 比赛的时候，看到双方的球员发生了肢体上的冲突；

（3）你为一件小事和朋友发生了争吵，你们彼此之间开始互相骂对方脏话；

（4）你在拥挤的公交车上被人踩了一脚，但是对方没有跟你道歉。

现在让我们对这些事件是否属于攻击行为做个判断。这些事情中，有的很明显是攻击行为，比如事件（1）；但是有的就很难判断了，比如行为（3）和（4）。争吵是否属于攻击行为？被人踩了一脚，如果他是无意的，从这个意义上看也不属于攻击行为。那么，究竟什么是攻击行为？

第一节　攻击行为的界定与分类

一、攻击行为的定义

最早对攻击行为展开研究的是社会生物学家，通过对动物攻击行为的观察研究，他们认为攻击行为是由基因决定的。如威尔逊（Wilson）就认为，攻击行为是人类为了确保自身安全而形成的一种本能，这种本能是经过长期的进化而发展起来的，攻击性较强的个体往往也具有较强的生存优势。后来，由于世界大战的爆发，攻击行为开始受到社会心理学家的关注。这期间，对攻击行为的定义也经历了一个由表及里、从浅入深的过程。例如，早期的社会心理学家认为，攻击就是对他人造成伤害性结果的行为。但是，人们很快发现，这种对攻击性行为的定义并不严密，比如在体育比赛中，经常会出现强烈的肢体碰撞，尤其是拳击比赛，但是这些并不都是攻击行为。因此，在攻击行为的定义中，人们加入了有意图地伤害他人的行为。经过不断的完善，人们对攻击行为逐步有了一个比较严格的科学意义上的定义。

虽然到目前为止对攻击行为的定义仍然有很多种，但是，人们普遍认为，攻击行为就是违背了社会主流规范，有目的、有意图地伤害或试图伤害他人心理或身体及破坏其他目标的行为。这种伤害既包括物质的伤害，如生命的毁灭、肢体的残害、财务的掠夺；也包括精神的伤害，如讽刺、诽谤伤害他人尊严的行为。

从以上的定义可以看出，在判断一个行为是否属于攻击行为时，我们必须要明晰以下几个方面的情况：

1. 攻击行为必须违背了社会主流规范。尽管符合攻击行为的其他方面，但是在社会主流价值观所接受范围之内的行为，如正当防卫、父母惩罚不听话的孩子，也不算攻击行为。

2. 攻击行为必须是外显的行为。攻击不是情感、动机、态度等内在的心理状态，尽管其常常伴有动机等心理活动，但是其必须是外显的行为表现。如果一个人只是内心具有伤害他人的意图，但是并没有付诸行动，那么就不能称之为具有攻击行为。

3. 攻击行为必须是有意图的、故意的行为。攻击行为应该是在行为人内在动机驱使下所实施的行为。判断一个人的行为是否属于攻击行为，必须分析其动机，了解其行为意图。

但是，由于动机的内隐性特征，要直接判断是否有攻击他人的意图是十分困难的，因此，人们根据社会经验，总结了几个方面的线索来帮助判断一个人的行为动机是否具有故意性。

（1）行为发生的社会情境。情境的特点可以向我们提供理解行为者动机和意图的线索。例如，在篮球比赛中，因冲撞而造成的身体伤害通常被认为是无意的，但是这种行为如果发生在办公场所，人们就不会认为是无意的。

（2）行为者的社会角色。教师批评学生，父母责骂孩子，都是社会认可的角色行为，不会被认为是有意的攻击。

（3）行为发生前的有关线索。例如，在拥挤的公交车上，由于司机的紧急刹车，你身边的人没有站稳，重重地踩了你一下，那么，你就不会认为这是一种攻击行为。

4. 攻击行为并不考虑行为的后果。根据攻击行为的定义，攻击行为是有目的的行为，也许会成功，也许不会成功，但是，只要其具有攻击的意图，就是攻击行为。假如一名足球运动员在比赛过程中，一不小心把足球踢到了队友的脸上，给队友造成了较大的伤害，但此时人们并不会因此责备这名"攻击者"；相反，一个蓄意杀害他人的人，在惊慌中未能将凶器刺中谋害对象的身体，尽管他没有伤害到别人，人们却很可能把他的行为看成是严重的攻击行为。

二、攻击行为的种类

关于攻击行为的种类，主要有以下三种分类法：

(一) 根据攻击行为是否违反社会规范的分类

西尔斯（Sears）根据是否违反社会规范，将攻击行为分为反社会的攻击行为、亲社会的攻击行为和被认可的攻击行为。

所谓反社会的攻击行为，是指违反社会道德规范和社会准则，从而不为社会所认可的行为。如侵略战争、打架斗殴、杀人等违法犯罪行为。

亲社会的攻击行为则是指为了达到群体的道德标准所能接受的目的，以一种社会认可的方式所采取的攻击行为。这类行为可以帮助维护社会正常的秩序，为社会所认可，如警察抓捕罪犯过程中的攻击行为。

被认可的攻击行为介于前两种行为之间，它不违反社会的规范和准则，有时可以被看成是合乎情理的行为，如正当防卫、体育运动中的冲撞等。在这章中我们重点讨论的是反社会的攻击行为。

(二) 根据攻击行为的方式不同的分类

根据行为方式的不同，攻击行为可分为言语攻击和动作攻击。言语攻击是指通过言语上的辱骂、讽刺等对他人进行的攻击，随着现代信息技术的发展，还可以延伸到利用手机短信、网络等对他人的攻击，这种攻击主要是对人的精神造成伤害。动作攻击是指用身体或武器对他人进行的身体上的攻击，如使用枪、棍等。

(三) 根据攻击行为的目的不同的分类

根据行为目的的不同，可以将攻击行为分为工具性攻击和敌对性攻击。工具性攻击是以攻击行为作为手段来达到其他的目的，而不是以故意伤害他人为目的。大多数恐怖活动、战争属于工具性攻击。敌对性攻击则是给他人造成痛苦或伤害的一种行为，是由愤怒引起，以伤害为目的。

例如，在篮球运动中，防守队员在防守的过程中，故意将被防守队员推倒在地，其目的是为了赢得比赛，因此属于工具性攻击。但是换一种情境，如果两位队员因为在防守的过程中起了摩擦或者对裁判的判罚不服而殴打对方，则是一种敌对性攻击。

第二节　对攻击行为的解释

正如本章开始所提到的，从古至今，人类经历了无休止的战争，由此，从一开始，人们就对人类的本性产生了极为浓厚的兴趣。人类到底天生是善还是恶？人类的攻击性受不受社会因素的影响？为了回答这些问题，人类进行了一系列的思考与研究，从开始的哲学思辨，到最后的实证研究，人们期许能够给这些问题找到答案，从而为如何减少这些攻击行为开拓思路。

一、生物学与攻击

对攻击行为的生物学解释由来已久。从古至今，哲学家关于人性本质的争论从未休止。其中一种主要的观点认为人性本善，在国外以 18 世纪法国哲学家卢梭为代表，在国内则以春秋战国时代儒学家孔孟为代表；另外一种与此观点相反，主张人性本恶，在国外以英国哲学家霍布斯（Hobbes）为代表，在国内则以荀子为代表。到了 20 世纪，"性恶论"，即认为人的攻击性是与生俱来的观点得到了精神分析学家弗洛伊德（Sigmund）和动物学家洛伦兹（Lorenz）的支持，成为攻击行为的生物学解释的理论基础。

（一）本能论与攻击

1. 弗洛伊德的本能论。一生中经历了两次世界大战的弗洛伊德，目睹了人类惨绝人寰的大屠杀，使之对人性进行了重新的思考。在其后期的理论中，弗洛伊德提出了人有两种本能：一种是生的本能，一种是死的本能。前者代表着爱和建设的力量，指向生命的成长和种族的繁衍；后者则代表着破坏性的力量，指向毁灭和生命的终结。关于死的本能，弗洛伊认为，它在每一个生命体内发挥作用，它致力于摧毁生命，并将生命还原至没有生命物质的原始状态。弗洛伊德认为，就如同人类的其他本能，如饮食本能、防御本能一样，人类也有攻击的本能，攻击性是天生的，不学而成的；如同人类饿了要找食物一样，这种攻击性的力量迟早都要得到释放，不然就会导致神经症；这种攻击性力量的释放，如果指向内部、指向自身，人们就会折磨自己、摧残自己，严重的还可能会自杀；而如果这种力量指向外部的话，就会表现为攻击、伤害他人。他指出，人类的这种攻击本能在生命的早期就已经有所表现，如儿童的撕咬、踢打本身就是攻击行为的表现。

弗洛伊德认为，攻击行为是为社会规范所不允许的，因此，为了释放自身的攻击能量，人们就会寻找其他符合社会规范的方式进行宣泄，如参加辩论、竞技、冒险等活动。因此弗洛伊德提出，应对人类攻击本能有两种途径：一是上述所说的进行社会认可的活动，如球赛、拳击等；二是依靠社会文明及道德的发展，增强个人的内在自制力。

总之，弗洛伊德将人类的攻击行为解释为天生的内在攻击本能的释放和宣泄。其理论主要是通过治疗心理异常者的实践而发展起来的，因而解释范围在于心理病患者，不能简单地扩展到所有人，但是他提出的应付攻击行为的方法是有可取之处的。

2. 洛伦茨的习性学理论。洛伦茨是另一位持本能论的代表人物。他曾因为在动物习性学的研究而获得诺贝尔生理学奖。他通过对动物行为的观察得出结论：动物的攻击行为是天生的、本能行为。

为了了解攻击性是否是天生的，洛伦茨观察了一种攻击性很强的热带鱼——丽鲷鱼的行为。他发现：在自然环境下，雄丽鲷鱼会攻击同种的其他雄鱼，以建立与捍卫自己的地盘，但雄丽鲷鱼并不会攻击雌丽鲷鱼，也不会攻击其他种类的雄鱼。但是，如果将雄丽鲷鱼从水箱中移走，只剩下一只失去目标的雄丽鲷鱼，结果会怎样？雄丽鲷鱼会攻击其他种类的雄鱼，而之前这些鱼是被它所忽视的。如果撤走所有的雄鱼，那么雄丽鲷鱼会攻击和杀掉雌丽鲷鱼。由此，洛伦茨得出结论，攻击行为是一种本能。当攻击的本能驱力在体内积蓄到一定水平后，就必须转换为攻击能量释放出来，从而表现出攻击行为。如果适当的攻击目标长时间不出现，体内积聚的能量无法排泄，有机体就会陷入不安定状态，从而开始寻找其他的目标。

与弗洛伊德不同的是，洛伦茨并不认为有机体的攻击是指向死亡和毁灭，而是具有适应功能，有利于适应环境的变化、维持生存和种族的繁衍。洛伦茨将攻击行为分为种内攻击和种间攻击。前者是指同种成员的攻击，表现为种内的"争斗性"；后者指不同物种成员之间的攻击，表现为"掠食性"。种内攻击的作用是在群体成员中间确立一种等级秩序以促进社会内部的和平，比如动物主要靠体型、力量来决定这种级别的划分，而决定人类阶层划分的主要依据则是社会因素，如财富、技能、权力等。种间攻击则主要是为了占有资源，维持一种生态或社会的平衡。

洛伦茨的攻击本能论在科学界遭到了强烈的批评。人们指出，洛伦茨并没有拿出任何证据来说明人类天生就有攻击行为，而只是从动物的攻击行为来类推人类的攻击行为，忽视了人类发展自身的内在规律，因而是缺乏充分的科学依据的。

以上"攻击是人类本能"的观念至今仍然保持着一定的影响，但是，弗洛伊德的猜测不足以说明攻击是一种本能；而洛伦兹把对动物的研究直接推及人类，也是不妥当的。为了解释各种人类的行为，被归为本能的行为越来越少，因此本能论开始瓦解。当前的社会心理学家倾向于把生物过程看作是环境刺激与攻击之间的中介反应，也就是说，研究者普遍认为攻击是环境刺激下的一种反应，而不是一种本能。

（二）攻击行为的生理基础

从攻击性的生理基础方面来寻找攻击行为产生的原因，也是近来关于攻击性研究的一个热点。其中，已有的研究主要集中在激素、遗传、神经化学等方面。

8—1 动物界的攻击行为

1. 激素与攻击。人们很早就发现，雄性激素在动物的攻击行为中发挥着重要作用。诸如睾丸激素之类的雄性激素之所以能够影响动物的攻击行为，是因为它们能够在动物身上起到两种作用：组织和激活。现在已经证明睾丸激素会刺激几种雄性脊椎动物的攻击性，尤其是在生殖活动期间，它会大大地增加雄性动物之间的攻击性。但是人类是否受到类似的影响还处于广泛的争论中。

瑞尼赤（Reinisch）调查了一些 11 岁的男孩和女孩后发现，如果母亲在怀孕期间接受合成激素注射的话，孩子们在面对假设存在的刺激情境时，会比他们无此经历的兄弟姐妹表现出更多的攻击性。有一些研究发现：睾丸激素浓度和攻击行为之间存在相关性，这证明了睾丸激素在攻击行为中能够发挥激活的作用。戴比斯（Dabbs）等人比较了同一所监狱里的被判暴力犯罪的犯人和被判非暴力犯罪的犯人，发现前者的富余睾丸激素水平要高于后者。

如果上述的睾丸激素会影响攻击性对于人类成立的话，那么是否意味着男人会比女人更具有攻击性呢？事实上，这个问题并不像看起来那么简单。例如，比约克维斯特（Bjorkqvist）及其同事（1992）的一项研究表明了芬兰男女青少年在侵犯类型上的差异（见图 8-1）。虽然男孩倾向于表现出比女孩更多的身体侵犯，比如打、踢，但是在语言侵犯方面，却没有性别差异。有趣的是，女孩表现出比男孩更高的间接侵犯水平，她们比男孩更容易传播谣言、恶意揭露他人隐私等。

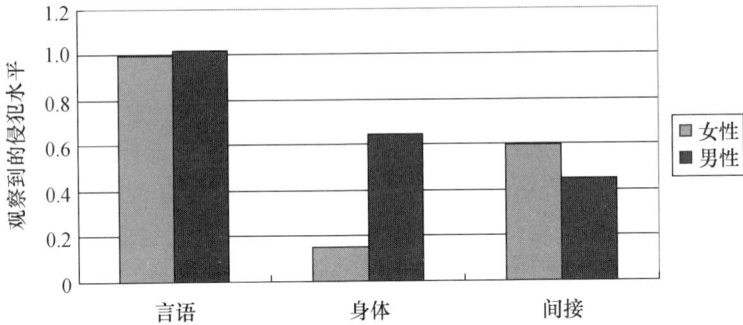

图 8-1　芬兰男女青少年报告的侵犯类型的差异

（引自：理查德·克里斯普、里安农·特纳：《社会心理学精要》，赵德雷、高明华译，北京大学出版社 2008 年版，第 204~205 页。）

也有一些研究表明，在日常生活情境中，当没有特别的事情发生时，男人相对于女人更容易表现出攻击性；但是当被激怒或被侮辱时，女人会和男人一样具有攻击性。

2. 遗传与攻击。遗传因素影响的是神经系统对暴力线索的敏感性。行为遗传学领域有一些证据显示了遗传因素在人类攻击行为中所发挥的作用，其中，单卵孪生子和异卵孪生子的攻击反应自我报告配对研究是比较有说服力的一种。拉什顿（Rushton）使用调查问卷评估了 500 对以上成年孪生子的五种人格特征，其中有三种人格特征（利他、移情和关怀）与攻击行为呈负相关，还有两种特征（攻击性、过分自信）和攻击行为呈正相关。该研究的结果显示：在单卵孪生子内部，这五种人格特征与攻击行为的相关性要大于异卵孪生子。一家收容罪犯的苏格兰医院对医院内攻击性极强的男性危险犯人 315 人加以检查，发现其中 16 人的性染色体为 xyy，比正常男性的 xy 多了一条 y 染色体。这说明，人类的攻击行为可能会受到遗传特征的影响。

3. 神经化学与攻击。攻击行为很复杂，不能简单解释为受某个脑区的控制，但是一些科学家对动物的研究还是发现动物的攻击行为和特定的脑区是联系在一起的。大脑中的这个核心区域被称为杏仁核。当这个区域被刺激后，温顺的动物会变得暴戾，当这个区域的神经活动受阻后，暴戾的动物会变得温顺（Moyer，1993）。但是我们必须注意的是，这个结论也不是绝对的，社会因素也会对神经机制的作用产生一定的影响。例如，一个雄性猴子在面对比它弱的猴群时，当它脑中的杏仁核受到刺激时，就会攻击其他猴子；但是当这个猴子面对比它更强的猴子时，即使杏仁核受到刺激它也不会去攻击，而是选择逃之夭夭。

某些化学成分也已经被证明会影响攻击行为。例如，5-羟色胺是存在于脑中的一种化学物质，这种物质似乎会对攻击行为产生抑制作用。在动物身上，当5-羟色胺受到抑制后，动物的攻击性行为就会增加。对人类的研究发现，暴力罪犯的5-羟色胺含有量相对于其他人低。此外，对正常人的研究发现，当5-羟色胺的神经能力被打断后，攻击行为就会增加。

（三）酒精与攻击

在本章开始的案例里，嫌疑人张伟就是酒后行凶。有的人也认为嫌疑人就是因为喝醉酒才发生了犯罪行为，如果是在清醒的状态下，张伟可能不会做出这种暴力行为。目前，人们已经意识到酒精的危害，国家也出台了很多的措施来防止人们酒后发生事故的危险，如对酒后驾车就采取了越来越重的惩罚。那么，酒精和攻击之间的关系究竟是怎样的呢？

事实表明，一旦饮酒，面对同样的令人愤怒的事情，酒后的人会表现出更强的攻击性。也有研究表明，有暴力倾向的人比一般人更易饮酒，酒后更容易表现出攻击行为，这也是为什么酒吧和夜总会是最常发生暴力行为的场所。

那么，为什么酒精会增加攻击行为呢？一些研究倾向于认为酒精是一种去抑制的物质，它可以降低人们的自我觉知和考虑后果的能力，进而增加攻击行为发生的可能性。还有另外一种观点认为，酒精会改变人们大脑中信息处理的方式，意识变得比较狭窄，使人们倾向于遗失事情发生的细节。举一个例子，在现实生活中，一个匆匆忙忙的迎面而来的人不小心撞了你一下：在清醒的状态下，你可能会认为他或许有什么比较着急的事情，不是故意的；但是如果在喝醉酒的状态下，你或许会认为他是故意向你挑衅，那么你的反应可能就大不一样了。

酒精期待论（alcohol expectancy theory）给出了酒精对攻击行为的另一种比较有意思的解释。人们对酒精如何影响行为具有某种预期，人们一般都会认为酒精会使人更加外倾，比如原本话少的人会突然变得话比较多；此外人们的抑制力也减弱，如"酒后吐真情"就充分说明了这一点。因此，一些人就会认为，喝酒后不理智、不合常理的行为应该归罪于酒精，而不是个人。因此，人们可能在酒后更加放肆地表现出往常不敢表现出来的行为，因为一旦有事情发生，自己可以将责任都推到酒上。比如酒后驾驶肇事究竟是故意犯罪还是过失犯罪，就引起了人们长时间的争议。

图 8 - 2　酒精增加人们的攻击行为

二、社会情境与攻击

尽管一些遗传因素或个人的特征有可能使个人具有更强的攻击性，但是这些因素往往也是与一些社会情境相联系或者相互发生作用而产生的。在这一部分，主要探讨社会情境因素可能对攻击性行为产生的影响。

（一）挫折与攻击

试想这样一个情境：在一个周一的早上，正在睡梦中的你忽然被妻子叫醒，一看表已经八点了，你立刻意识到上班要迟到。匆忙梳洗完毕饭都没有吃，你抓起桌上的公文包，到门口打了一个出租车。倒霉的事情是路上又遇到了堵车，等你匆匆忙忙赶到公司的时候，已经整整迟到了一刻钟。部门经理很严肃地看了你一眼，你赶紧坐到自己的位置上开始工作。整个上午，你的肚子都在唱空城计。好不容易熬到了中午，准备吃饭的时候你忽然想起来，昨天晚上你和家人一起出去吃饭，身上的钱已经所剩无几了。你只好硬着头皮找同事借了 100 元钱。下午的时候，经理宣布，由于经济危机，可能会裁掉一部分人，想到早上自己的迟到，你不禁打了个冷战。终于下班了，你忧心忡忡地回到家，却发现没有带钥匙。忍着满腔的郁闷，你给妻子打了个电话。妻子终于回来了，你本来想将自己的遭遇说给她听，没想到你还没有开口，妻子开始抱怨了，埋怨你总是太粗心，没有上进心等。此时的你，会如何进行反应？你是否会说出一些伤害妻子的话，或者会想找个东西出气呢？

如果站在挫折—攻击理论的角度上，那么回答将是肯定的。

1. 挫折—攻击理论。此理论是把人类攻击行为系统地定义为对环境条件的反应的第一次尝试。该理论最早是由美国心理学家多拉德和米勒（Dollard & Miller，1939）提出的。挫折—攻击理论的产生和发展一直受到精神分析理论和学习理论的双重影响。研究者之所以把攻击与挫折联系起来，是因为受到弗洛伊德把挫折与精神病相联系的启示；此外，霍尔（Hull）提出的学习理论可以解释攻击行为的行为过程，即源于后天的学习。

所谓挫折（frustration），是指当一个人为实现某种目标而努力时遭受干扰或破坏，致使需求不能得到满足时的情绪状态。多拉德提出，人的攻击行为乃是因为个体遭受挫折而引起的，这便是所谓的挫折—攻击理论。这项理论的主要论点认为，攻击是挫折的一种后果，攻击行为的发生总是以挫折的存在为先决条件；反之，挫折的存在也必然会导致某种形式的攻击。可以看出，在多拉德等人刚提出挫折—攻击理论时，他们认为挫折与攻击之间是一种简单的、一一对应的因果关系。

挫折—攻击理论的早期观点主要包括以下几点：

（1）攻击行为的强度与目的受阻的强度成正比例关系；

（2）抑制攻击行为的力量与该攻击行为可能受到的预期惩罚的强度成正比例的关系；

（3）挫折强度一定的情况下，预期惩罚越大，攻击行为发生的可能性越小；如果预期惩罚一定，则挫折越大，攻击行为越可能发生。

挫折—攻击理论提出后，得到了一些实验研究的支持。心理学家巴克尔（Barker）曾经做过一项有趣的实验：他把一群孩子分为对照组和实验组，然后把他们都领到实验室的窗外，孩子们通过窗户可以看到里面放满了诱人的玩具。从一开始，就允许对照组的孩子进去玩；而对于实验组的孩子，开始的时候只允许他们在一旁观看，直到过了一会儿才让他们进去玩这些玩具。实验结果表明：

实验组的孩子们比对照组的孩子们表现出更多的攻击行为。巴克尔认为，这是由于实验组的孩子们在开始的时候受到挫折的缘故。

19世纪末20世纪初，在美国南方连续发生白人用私刑处死黑人的暴力事件。学者便考察了1882～1930年之间美国南方经济与私刑处死黑人次数的关系。因为当时棉花是南方最主要的经济作物，所以，学者们就把棉花的销售价格当作经济情况好坏的指标。研究发现，当棉花价格低的时候，私刑的次数就多；棉花价格高的时候，私刑的次数就少。棉花价格降低时白人的收入就会减少，经济上的挫折导致攻击倾向增加，软弱无辜的黑人就成了白人的发泄怒气的对象。后来，有研究进一步表明，在当时白人对白人的私刑次数也和棉花的销售价格有关。

图8－3　发生在球迷中的挫折与攻击行为

但是，随着研究的进一步深入，许多社会心理学家逐渐发现，挫折与攻击之间不是简单的一一对应的关系。许多生活中的例子表明，挫折并不一定导致攻击反应。例如，当个体意识到自己所受的挫折是出于一些不得已的原因时，一般不会表现出攻击行为；军人在战争中杀死素不相识的人，不是因为受到挫折，而是因为执行命令的结果。另外，有人为了权力、财物而加害他人，其攻击行为乃是为了实现特定目标而采取的一种手段，而不是受到挫折后的反应。也就是说挫折—攻击理论只是适合解释敌对性攻击而不是工具性攻击。个体在遭到挫折之后将作出什么反应，表现怎样的行为，是由环境内在的线索或者说环境提供的刺激来引导的。

2. 挫折—攻击理论的修正。米勒（1941）在《挫折—攻击假说》一书中，修正并扩充了挫折—攻击理论的内容。挫折作为一种刺激，可以引起一系列的不同反应，攻击反应只是其中一种形式而已。挫折的存在，不一定会导致攻击行为，但是攻击行为肯定是由挫折诱发的一种结果。实际上，米勒保留了挫折—攻击理论的前半部分观点，修正了其后半部分，他把挫折与攻击之间——对应的因果关系修正为一对多的关系。

在米勒之后，还有一些学者对挫折—攻击理论进行了修正，其中最有影响的是社会心理学家伯克威茨（Berkwitz）提出的修正理论。伯克威茨认为，挫折的存在并不一定会导致个体发生实际的攻击行为，只能使个体处于一种攻击行为的唤起状态。攻击行为最终是否会发生，取决于个体所处的环境是否给他提供一定的攻击线索。如果个体所处的环境并没有提供这样的线索，那么个体未必会表现出攻击行为。也就是说，外在环境的攻击线索是使内在攻击冲动形成实际表现的必要条件，并且攻击行为的反应强度取决于其唤起程度。

伯克威茨在一项实验中要求受试者解决一些谜题。他先把全部被试分为两组，分别接受谜语测验，第一组被试所得到的谜题看起来不难，实际上也好解决；而第二组被试所得到的谜语看起来简单，操作起来却无从解决，用这种方式使该组被试受挫。接着让一部分被试观看拳击武打影片，一部分被试看非武打的影片。然后，让他们扮演老师的角色，教一个学生（研究助手）学习某种材料，当学生犯错时，可以用电击加以惩处。结果发现，在遭受挫折的受试者中，观看武打影片的被试要比观看中性影片的被试表现出更强的攻击行为。这项实验的结果可解释为被试者遭到失败以后，进入一种准备行动的唤起状态（arousal state），他将采取怎样的行为，由当时最占优势的反应决定，如观看武打片则诱发了攻击倾向，使攻击成为当时最占优势的反应。伯克威茨特别强调，外在环境的攻击线索是使内在攻击冲动形成实际表现所必须的条件；但后来他又指出，如果挫折引起的唤起强度达到一定水平，也可以引发实际的攻击行为。

实际上，伯克威茨把原来的挫折—攻击理论中挫折与攻击之间——对应关系引申为多对一关系，即一种攻击行为的最终产生，除了受到挫折的影响之外，还要受到诸多的其他因素影响。从受到挫折到发生攻击，存在着各种因素的共同作用，决定了挫折是否会导致攻击行为的发生。无论是米勒"一对多关系"的论述，还是伯克威茨"多对一关系"的论述，始终是以挫折与攻击之间存在一定联系为前提的，他们的修正中不过是对挫折引发攻击的机制的修正，都没有最终解决该理论的基本缺陷，即忽视了攻击的产生可能由与挫折无关的因素所引发。

总结上述对挫折与攻击的研究，我们可以得出这样的结论：挫折是引起人类攻击行为的一个条件，但不是唯一的条件，挫折的可能作用是加强个人的攻击性反应。

（二）模仿与攻击

最早与多拉德一起提出挫折—攻击理论的米勒等人，在阐述其学说的时候就曾认为，个体受到挫折之后的反应取决于过去的学习经历，或可以经由学习历程而改变之。社会学习理论（social learning theory）则从人类特有的认知能力来探讨人的攻击反应的获得及攻击反应的表现。社会学习论者认为，挫折或愤怒情绪的唤起是攻击倾向增长的条件，但并非是必要条件。对于已经学到采用攻击态度和攻击行为以对付令人不快处境的人来说，挫折就会引发攻击行为。

那么攻击的态度和攻击的行为如何通过学习而得到呢？就人类来说，观察模仿是一个极重要的学习历程。著名心理学家、社会学习理论的代表人物班杜拉（Bandura）强调，在观察学习中，抽象认知能力起非常重要的作用。当一个人耳闻目睹一种行为时，他会把观察到的知觉经验包括行为者的反应序列、行为后果及该行为发生时的环境状况等以一种抽象的符号形态贮存在记忆系统之中，经过一段时间后，若有类似的刺激出现，他会将贮存于记忆系统中的感觉经验取回而付诸行动。

班氏认为，个体从观察他人的攻击行为到表现自己的攻击行为需要三个必要条件：①有一个榜样表现攻击行为，如一个人在观察者面前攻击、辱骂、殴打别人或表现出其他有意伤害他人的言行；②榜样的攻击行为被断定为"合理"的，如观察者看到榜样的攻击行为得到赞扬和支持，或观察者自己认为榜样的行为是合情合理的；③观察者在榜样表现攻击行为的时候必须在场，即观察者处在与榜样表现攻击行为相同的情境内。以上三者缺一不可。

班杜拉等人在一项著名的实验里把一些小孩子分为两组，安排到不同的实验室里学习做各种图样。在孩子们的学习过程中，分别安排一个成人（即表现中性行为或攻击行为的榜样）到实验里来。其中一组的小孩观察到这个成人在安静地做他自己的事情，时间大约为10分钟左右；而另一组小孩则看到成人用铁锤狠狠地敲击一个橡皮人，并把橡皮人抓起来摔、压，嘴里还不时地喊"打""打"，时间大约也是10分钟。当孩子们的学习结束后，把他们领到另外一个房间，让他们玩非常有趣的玩具。正当他们玩得兴高采烈时，有人进来把玩具拿走（实验者故意给小孩制造挫折），随后研究者通过单面镜来观察孩子们此后 20 分钟内的行为。

孩子们周围有橡皮人、铁锤和其他东西。结果是：目睹成人攻击橡皮人的孩子要比看到一个温和安详成人的孩子们表现出更多的攻击反应，他们对橡皮人拳打脚踢，并伴之以怒骂声。研究者发现，在小孩子的攻击反应中，有些是与榜样所表现的攻击行为完全相同的，此即模仿习得的攻击反应；有些则不是榜样所表现过的，那是小孩子原有的攻击反应，通过榜样的攻击表现把小孩子对攻击行为的抑制解除了。

班杜拉等人后来又重复了同样的研究，但略有不同的是，成人榜样表现攻击行为后，或给予奖赏或给予处罚。当成人因表现攻击行为而受到奖励时，那么孩子就会模仿这位成人；当成人因为表现攻击行为而受到惩罚时，那么孩子就不会模仿或很少模仿这位成年人。但是，小孩子没有表现攻击行为并不等于他没有学会这种行为，当实验者要求那些看到了成人榜样所表现的攻击行为而自己没有攻击表现的小孩子表演成人榜样的行为时，他们都能正确无误地把观察到的攻击行为表现出来，这意味着观察者把观察所得的知觉刺激保存于记忆系统中，当情况适合时就会有所表现。

三、大众传播与攻击

大众传播（mass communication）的普及性及深入性，为人们提供了大量观察学习的机会。根据社会学习理论所提出的模仿学习的观点，人们就会很自然地考虑到：电影、电视节目中攻击行为对观众、听众，特别是青少年会不会产生不良的影响。美国研究者在 1976 年做了一次调查，发现平均每 25 分钟就有一个人遭到袭击死亡；他们同时也做了为期两周的电视节目分析，发现每 10 个节目中，就有 8 个属于暴力和攻击一类，并且每一节目中平均有 5 次暴力攻击的镜头。调查还发现，学生们每天平均用 5～6 个小时的时间收看电视节目。一方面电视、电影放映大量的暴力攻击节目，另一方面社会上暴力攻击事件不断增加，因此，学者们就自然地将二者联系起来了。

那么在怎样的情况下，电视中的暴力节目会产生影响人们行为的作用呢？社会心理学家们认为需具备下述条件：①观众所看到的电视节目在某一主题和内容方面出现频繁而且相当一致；②观众经常地、有规律地收看主题内容的节目；

③观众知觉并学习到该主题内容所表现的行为，可以直接或间接地应付和解决一些问题；④观众对于主题内容所表现出的思想必须有某种程度的接受。

心理学家李夫（Leaf）指出，受到电视节目影响最大的是儿童，因为儿童的注意力比较容易被具有强烈情绪、激烈活动以及冲突的节目内容所吸引，因此较易于学习攻击行为与攻击态度。他研究了小学四、五、六年级男女学生受试者的攻击性态度与其观看电视节目的关系，发现观看暴力攻击节目愈多，其攻击性态度就愈强。

颇为有趣的是，并非所有的实验和研究都证明，观看暴力影片或电视节目与人们表现攻击行为成正相关的关系。如心理学家费斯巴哈（Feshbach）与辛格（Singer）通过实验研究认为，观看暴力节目有宣泄的效果，非但不会增加攻击的倾向，反而还会减少一些攻击的行为表现。截至目前的研究为止，观看攻击与暴力节目和人们表现攻击行为是否存在因果关系尚无法定论。

社会学习论者认为，人的攻击行为是否表现出来，在于他所观察的榜样行为是受奖赏还是受处罚，这个结论值得商榷。假如它只限于小孩子似乎还说得过去，因为模仿在小孩子的学习中起着十分重要的作用，但对成人来说，一种行为的表现或不表现，主要靠已经内化的道德观和价值观来支配，一个图财害命的凶手尽管知道有好多因为杀人而伏法的罪犯，但在"为了金钱可以不惜一切"的信条影响下仍然会铤而走险。

四、文化与攻击

在对攻击性进行跨文化研究的过程中，许多社会心理学家开始注意到文化会对人们的攻击行为产生一定的影响，也就是说，在不同的文化中攻击性的程度表现出很大的差异。比如，纵观整个欧洲的历史，可以发现它是由一个又一个的战争构成。相反，某些原始部落，如伊法利克——西太平洋中部加罗林群岛中的一个环礁岛，这里的人们很少表现出敌对的社会行为。伊法利克人的文化崇尚相互合作的社会精神以及无攻击的伦理价值观，这种文化造就了具有非攻击性的伊法利克人。在以色列的集体农庄中，儿童是由集体而不是由家庭来抚养，孩子们在儿童之家中长大，而不是与他们父母生活在一起。集体农庄的创建者向儿童灌输的是集体主义的价值观，崇尚的是平等、分享、互助的伦理观念，他们为儿童建立的是相互合作的文化环境。在这种文化环境下成长的儿童，攻击行为就相对比较少。

另外，研究还显示，攻击性还和荣誉感文化相关。尼斯比特（Nisbet）和科恩（Cohen）的研究就表明：来自崇尚荣誉文化的人，会具有更强的攻击性。据他们报告，在美国内部存在两种截然不同的文化，居住在新英格兰、东海岸中部地区的民族冷静而注重合作，而定居在南部大部分地区的民族则崇尚武力和个人荣誉。前者多是农场主和手工工匠，后者则是富于攻击性的猎人和牧人。因此，到目前为止，在美国南方人居住的地区中，白人的杀人案发率要比北方人定居的地区高。南方人并不提倡在任何情况下都使用武力，但是捍卫自己的财产与尊严的暴力行为则是受到推崇的。

在庞大的社会网络中，存在着各种亚文化，它们具有自己的价值、标准和象征。有些文化接纳攻击的价值，因为攻击行为有助于获得和保持地位。那些具有暴力性质的亚文化（诸如团伙等），则把攻击行为作为处理问题的一种标准反应，即认为攻击是解决冲突的方式，人们的社会地位与攻击的能力有关。

当然，不是说特定文化背景下的攻击行为就不能改变了，事实上，在一个特定的文化中，社会环境的变化常会导致攻击行为的显著变化。例如，易洛魁族人（印第安人的一个部族）曾经是生活在和平中的狩猎民族，他们不会向其他部落发起攻击。但是在 17 世纪，新来的欧洲移民间的以物易物，引起了他们和邻居休伦人在皮毛方面的直接竞争。在和休伦人发生一系列的小冲突后，易洛魁人在短时间内变成了残忍的战士。他们的攻击行为事实上就是因为社会环境变化造成的竞争。

第三节　攻击行为的转移与消除

在读完第二节后，我们可能会发现，不管受一种因素或几种因素的影响，只要人类需要生存，攻击行为就是不可消除的。那么我们怎样做才有可能避免在一些特定的情况下攻击行为的产生呢？很多学者就这个问题进行了研究与探索。下面，我们就给大家提供一些方法，希望能够有一定的借鉴意义。

一、宣泄

宣泄（catharsis）这一概念最早是由古希腊大思想家亚里士多德提出来的，意思是用文学作品中悲剧的手法，使人们的恐惧与忧虑等情感得以释放，以达到自我净化的目的。后来，这一概念被弗洛伊德引用到其学说之中。弗洛伊德认为，攻击是一种本能，是人与生俱来的驱动力。每个人都有一个攻击性能量的储存器，应当不断以各种方式使攻击性能量发泄出来，如球赛、打拳、游泳以及培养人与人之间积极的情感联系等，但也可以适当地表现一些攻击的行为和举动，否则攻击性能量滞存过多，就可能发生暴力行为或者显现出精神病症状。弗洛伊德指出，社会的作用是去控制这种攻击性冲动，使它们转化为社会能接受的行为。洛伦兹也主张以一种不具破坏性的发泄途径来代替战争，如体育比赛、登山、航海等。

菲斯巴赫在实验中要求教师嘲笑她的部分学生，说他们又蠢又笨，随后允许其中的一些学生编写攻击性故事，对另外一些则不给予编写攻击性故事的机会，最后，给全班学生提供了一次攻击行为的机会。结果显示，那些受到侮辱但是编写了攻击性故事的学生表现出的攻击行为较少。

还有一些考虑到挫折与攻击行为关系的学者也设想，对于那些受到挫折、体验到愤怒的人，让其适当地表现一些攻击性的行为，能产生宣泄的作用。也就是说，当给遭受挫折的人表现愤怒的机会时，他以后将显示出较小程度的攻击倾向。

现在还有一种被人们广泛采用的宣泄不满情绪的方式，就是替代性攻击，也就是通过攻击一些玩具来释放内心的不满。例如，在一些公司中，专门设置了情绪宣泄室，里边摆满了各个管理者的橡胶塑像。如果员工对哪位管理者不满，就可以对塑像拳打脚踢，以此来释放自己心中的不满。

应当指出，宣泄的方式是应当认真加以研究的问题，由于社会道德与各种规范的限制，人们不能毫无顾忌地对使自己遭受挫折的人施行报复，而且有时使人处于困境的是许多因素构成的环境，并不是由哪个人造成的。因此，寻求社会容许的有效方式来达到宣泄的目的就十分重要了。例如，引导人们参加文娱、体育活动，学会幽默，广交朋友，谈心等。当然，这些具体方式对宣泄能起到怎样的作用，尚需进一步研究和实验验证。

8-2 专业情绪宣泄室

二、习得的抑制

所谓习得的抑制，是指人们在社会生活中所学到的对攻击行为的控制，主要指下面几点：

（一）社会规范的抑制

一个人在社会化过程中，会逐步懂得哪些事情可以做，哪些事情不可以做。自然攻击行为的表现与否也包括在内，这就是接受和内化社会规范的过程。一个内化了社会规范的人，在其欲表现违反规范的攻击行为时，会产生一种对攻击行为的忧虑感，这种忧虑感会抑制攻击倾向。实验研究业已表明，对攻击行为的忧虑越高，其抑制能力越强；相反，对攻击行为的忧虑越低，其抑制能力越差。

（二）痛苦线索的抑制

痛苦线索是指被攻击者受到伤害的状态。这种状态可能会导致攻击者的一种情绪唤起，使他把自己置身于受害者的地位，设身处地地体会受害者的痛苦，从而抑制自己不再进一步攻击。研究者们做了这样的实验，令某人激怒被试，然后给予被试电击这个人的机会，当被试得知被击者的痛苦状况时，便减少了攻击行为。

有过被攻击的体验在某种程度上也能抑制攻击行为。在一项实验中，实验者让一半被试自己先体验一下电击的过程，另一半被试则不体验，然后要求这些被试按实验者的指示去电击别人。受过电击的被试只给他人以弱的电击，而未受到电击的被试则给他人以较强的电击。

（三）对报复的畏惧

当某人知道，自己伤害他人之后他人会加以报复的话，他在一定程度上会抑制自己的攻击行为。心理学家在一项实验中发现，当电击他人的被试得知，过一段时间后受电击的人要对他电击时，他对别人的电击就减少了。

三、置换

当个体遭受挫折，但是由于各种原因又不能对引起挫折的来源进行直接还击时，个体就会以其他方式对另一目标表现出攻击行为，这种现象被称为置换。置换常常发生在两种情况下：

一种情况是，个体知道挫折的来源，但是由于对方的地位、权利、财力等情况，又不敢或者是不能对对方直接进行攻击，于是就倾向于选择各方面与其相似的目标作为发泄的对象。例如，一个小孩想看电影，父亲不准去，他就会生气，但出于对父亲的地位和权威的认识，他不能攻击父亲，于是他就会向别人发脾气。他可以发泄怒气的对象很多，如妈妈、哥哥、姐姐、弟弟及邻居家的小朋友。小孩根据这些人在地位和权威方面与他父亲（使小孩受挫的人）的相似程度的高低，把这些对象排成一个序列，他们依次为（父亲）、母亲、兄弟、姐妹、邻居。研究证明，一个人与挫折的造成者越接近，受挫者对他的攻击倾向就越强烈。

有时攻击者对于相似人物的确定，并不是像上面说的那样简单，有些攻击行为是通过较为复杂的过程来确立对象的。比如有些青少年对双亲总是挫伤他们的愿望颇为不满，从而唤起愤怒的情绪，他们就会把怨恨转移到学校的老师、社会上的管理者，以及一些与他们双亲有友好关系的人身上去。

上述是受挫来源明确的情况，但在现实生活中常常会有这样的情形，即个体虽感受到挫折，却不明白挫折的来源究竟是什么，比如，在公交车上不小心丢了钱包，自行车的轮胎被路上的酒瓶残渣扎破，这时他就倾向于去寻找一只"替罪羊"（scapegoat），从而把自己的不幸归咎于他人，并通过对他人的攻击来发泄自己的愤怒与不满，这就是置换的第二种情况。据心理学家的观察，被当作"替罪羊"的人往往具有如下两个特征：

1. 软弱性。"替罪羊"一般是软弱的、没有还击的可能。攻击者一般是以"欺软怕硬"的方式来寻找"替罪羊"的，如阿 Q 受了别人的欺侮后只会找小尼姑出气。本身就比较弱的人则只好拿桌子、碗、石头等来发泄。当然，软弱和强硬的划分不一定就是以力量或者说是体力来衡量的，在不同的文化和亚文化群中都有自己的衡量标准。

2. 特异性。"替罪羊"不仅是软弱的，而且往往还有一些与众不同之处。人们总是对那些不同于自己的人抱有好奇心，而当此人或他/她所属的亚群体又显得孱弱时，人们往往会对其表示出敌视态度，遇到挫折时，就拿他/她出气。

复习题

1. 攻击行为的种类有哪些？

2. 试分析攻击行为产生的原因。

3. 如何减少、削除人类的攻击行为？

4. 简述挫折—攻击理论。

5. 根据哪些线索来判断一个人是否有攻击意图？

参考文献

1. 郑雪：《社会心理学》，暨南大学出版社 2004 年版。

2. 时蓉华：《社会心理学》，上海人民出版社 2002 年版。

3. 王宇加：《社会心理学》，中国人民大学出版社 2003 年版。

4. 乐国安：《应用社会心理学》，南开大学出版社 2003 年版。

5. ［美］戴维·迈尔斯：《社会心理学》，侯玉波、乐国安、张智勇等译，人民邮电出版社 2006 年版。

6. ［美］R. A. 巴伦、D. 伯恩：《社会心理学》，黄敏儿、王飞雪等译，华东师范大学出版社 2004 年版。

7. ［美］阿伦森、威尔逊、埃克特：《社会心理学》，侯玉波等译，中国轻工业出版社 2005 年版。

8. 刘永芳：《社会心理学》，上海社会科学院出版社 2004 年版。

9. ［英］理查德·克里斯普、里安农·特纳：《社会心理学精要》，赵德雷、高明华译，北京大学出版社 2008 年版。

10. L. Berkowitz, "The Frustration – aggression Hypothesis：An examination and reformation", *Psychology Bulletin*, 106（1989）, pp. 59 ~ 73.

11. A. Bandura, "Aggression：A Social Learning Analysis", *Prentice Hall*, 26（1973）.

第九章　社会影响

社会影响（social influence）是指在社会力量的作用下，引起个人的信念、态度、情绪及行为发生变化的现象。这里所说的社会力量是指影响者用以引起他人态度和行为发生变化的各种力量。它的来源非常广泛，既包括与社会地位相联系的各种权力，也包括源于爱和受尊敬的影响力。弗伦奇和瑞文（French & Raven，1959）区分了社会力量的六个来源：

1. 奖赏：指人们向他人提供奖赏的能力。例如，公司老板对其员工来说具有这种权力。

2. 压制：与奖赏的权力相反，指拥有权力的人提供惩罚的能力。例如，老师对不遵守课堂纪律的学生就拥有这种权力。

3. 参照权：让他人参考的权力。比如，当我们崇拜某个人或认同某一组织，希望与团体保持一致时，参照权就会发挥作用。

4. 法定权：指与一定地位相联系的权力。比如，校长拥有管理学校、处理学校事务的权力。

5. 专家权：与某些专门的特长相联系的权力。比如，医生建议病人采取某种治疗。

6. 信息权：指了解某些他人不知道的信息而拥有的影响力。

第一节　从　众

在社会生活中，我们总不由自主地受他人或社会情境影响。那么，我们在什么情境下会表现出从众行为？哪些人更容易表现出从众行为？哪些人更可能抵制从众行为？从众究竟是好还是坏？

一、从众的含义及分类

对于从众（conformity）的概念，不同心理学家的观点不尽相同。梅尔斯（Myers，2014）认为，从众是个体在真实或想象的群体压力下改变行为与信念的倾向。乐国安（2013）把从众定义为个体在群体压力下，改变知觉、判断、信仰或行为，使之与群体中大多数人一致的一种倾向。从众有不同的表现形式，可以表现为在临时的特定情境中对占优势的行为方式的采纳，如助人情境中跟随大家帮忙、暴乱中跟随大家一起破坏等；也可以表现为长期性的对占优势的观念与行为方式的接受，如顺应风俗、习惯、传统等，开会形成决议时进行举手表决，少数派由于多数人举手的压力而赞成多数人意见等。从众行为的具体类型非常复杂，此处将从众行为分为以下三类：

（一）真从众

这种从众不仅在外显行为上与群体保持一致，内心的看法也认同，是一种表里如一、心服口服的从众。真从众对于一个群体关系的处理有着积极的作用。在真从众的情况下，群体成员与群体保持着真实的一致性和对群体真实的认同，群体成员在心理上不存在冲突。这是群体与成员之间的理想关系。

（二）权宜从众

在某些情况下，个体迫于群体压力，暂时屈从于群体选择，在行为上与群体保持一致，内心却不认同群体的看法，这种从众即权宜从众。这类从众由于外显行为同内心观点不一致，常使个体处于认知失调状态。当群体压力始终存在，而个体又无法脱离群体、必须从众时，个体就倾向于改变个人自身的态度，与群体取得意见上的一致，这时权宜从众可能会转变为真从众。或者个体会找出新的理由，将自己的行为合理化，从而减少观点与行为之间的差距，达到新的平衡状态，使认识系统重新协调。

（三）假不从众

不从众是从众的对立面，是指个体在群体中不被群体意见所左右，而保持自我原有选择的行为。不从众的情况有两类：一类是表面上不从众，内心其实是接纳状态。这种从众行为往往在比较特殊的情况下发生。如群体由于某原因而群情激奋，作为群体的领导者，虽然情感上认同群体，但行动上要保持理智，不能为逞一时之快鼓励群体作出不合理的决策。这是表里不一致的假不从众情况。另一种不从众是内心观点和行动都表现得与群体不一致，这是表里一致的真不从众情况。通常情况下，只有在群体对个体缺乏吸引力的时候，或个体在行动中不需要考虑与群体的一致性时才出现。

二、经典的从众研究

社会心理学家在实验室中研究从众，其中一些研究揭示了惊人的发现。下面将介绍两个关于从众的经典研究，一个是谢里夫（Sherif，1935）的团体规范形成的研究，另一个是阿希（Asch，1951）的线段判断实验。

（一）谢里夫的团体规范形成研究

谢里夫想知道，在实验情境下能否观察到社会规范的形成过程，其从众研究侧重社会规范的形成。为了证明在不确定条件下群体压力会对个体的判断产生影响，谢里夫利用知觉错觉中的自主运动现象（autokinetic effect）研究大学生被试的判断情况。自主运动现象是指在一个黑暗的没有参照系的屋子里，当人们盯着一个静止不动的光点时，会感到该光点向各个方向运动的现象。在研究中谢里夫把大学生三个人分为一组，让他们判断光点移动的距离到底有多少，每一组在判断之后把自己的结果告诉给其他组的被试。

最初的时候，人们判断上的差异很大，有的人认为光点移动了7、8英寸，而有的人认为只移动了零点几英寸。但随着时间的推移，人们的判断趋向一致，到第三个阶段时，所有被试组的判断基本上达到了一致，即对这个问题形成了一个共同的标准，谢立夫认为这个阶段实际上已经建立起了群体规范。这种规范对每个人的行为与信念起着制约作用。有意思的是，在研究结束时谢立夫问参加实验的被试他们的判断是否受到他人的影响，结果被试都否认他人对自己有影响。

（二）阿希的线段判断实验

谢里夫实验中从众者面对的是模糊的情境，阿希想要知道在明确的情境下，人们是否会从众。

阿希设计了这样的实验情境：当志愿参加实验的大学生被试来到实验室时，看到6名与自己一样参加实验的被试已经在等着了。实际上这6个人是阿希的实验助手（也叫同谋），他们的判断是阿希事先设计好的。当被试和这6个人围着桌子坐下以后，阿希拿出了一张卡片放在黑板架上，这张卡片的左边有一条线段（标准线段），右边有三条线段，旁边分别标有 A、B、C（如图 9 – 1），阿希告诉被试他们的任务就是简单地报出 A、B、C 中哪条线段和标准线段一样长。

很显然，对被试来说这是一项极为容易的任务，只要视力正常的人都能看出 C 是正确的答案。在前两轮实验中，实验者的同谋选择了正确的回答，但从第三轮开始，实验者的同谋一致性地选择了错误的答案（比如 A）。阿希想知道在这种情况下被试会不会从众呢？有多少人从众、有多少人不从众？结果发现尽管人们的从众程度不同，但从总体上讲至少有33%的被试会从众，即选择与实验同谋一样的答案。另外，在整个实验过程中，有76%的人至少有一次发生从众。

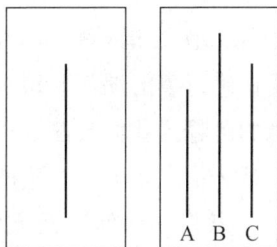

图9–1 阿希的线段实验材料（引自 Asch，1951）

实验结束后，实验者个别访问被试，询问其做出错误选择的原因，从被试的回答中，可以把错误归纳为以下三种类型：

1. 知觉歪曲。被试确实发生了错误的观察，把他人（假被试）的反应作为自己判断的参照，根据别人的选择辨认"正确"的答案。当刺激物的特性十分鲜明时，发生这种歪曲的极少。

2. 判断歪曲。因为对自己的判断缺乏信心，对结果没有十分把握，被试虽然意识到自己看到的与他人不同，但却认为多数人总比个人要正确些，发生错误的肯定是自己，于是从众以求心安。属这种情况的人最多。

3. 行为歪曲。被试确认自己是对的，错的是其他多数人，但是不愿意成为"一匹离群之马"，所以表面上采取了从众行为，跟着多数人作了同样的错误选择，而一旦当群体的压力解除，他就会说出自己真实的意见。

在实验中，被试普遍体验到一种严重的内心冲突和压力。阿希的实验中没有涉及任何明显的从众压力，既无"团队合作"的奖励，也无针对个体的惩罚。在这样小的压力下人们就表现出从众行为，那么，在更大的压力下，人们会表现出更多的从众行为。

三、从众的原因

在阿希研究的基础上，多伊奇和杰拉德（Deutsch & Gerard, 1955）对从众原因进行了说明。根据他们的观点，从众行为的产生有两个原因：一是信息性社会影响（informational social influence），二是规范性社会影响（normative social influence）。

（一）信息性社会影响

信息性社会影响是人们把他人视为指导其行为的信息来源，从而顺应其行为，这种影响来源于我们想要正确行事的渴望。该观点认为，人们从众是因为人们相信其他人对一个模糊情境的解释比我们自己的解释更正确，而且可以帮助我们选择一个恰当的行为方式。基于信息影响而产生的从众倾向依赖于情境的两个维度——人们认为群体掌握的信息程度如何以及人们对自己独立判断的信心如何。人们越相信群体的信息，越重视群体的观点，就越容易与群体保持一致；而刺激越模棱两可，任务越困难，人们对自己的判断就越易失去信心，越容易从众于群体的判断。

信息性社会影响的一个重要特点是它能导致个人接受（private acceptance）而不只是公开顺从（public compliance）。前者是真从众，后者是权宜从众。当从众来源于信息影响时（人们确信群体成员是正确的），人们通常在改变行为的同时也改变了自己的信念。

研究表明，情境模糊不清是信息性社会影响发挥作用的关键变量，它决定着人们会在多大程度上以他人作为信息的来源。当我们不确定什么是正确的反应、适当的行为、正确的观点时，我们最容易受到他人的影响。我们越是不确定，越是容易依赖他人。危急是另一个重要变量，而且常常与模糊情景同时发生。在危急时刻，如果我们感到害怕、恐慌而不知所措，很自然就会去观察他人反应，然后照着做。此外，通常一个人拥有越多的专业知识，其在模糊情境下的指导越有价值，越容易产生信息性社会影响。

（二）规范性社会影响

规范性社会影响是由社会规范而引发的从众行为，并不是因为我们以别人作为信息来源，而是为了不引人注目、不被他人嘲笑、不至于陷入困境或遭到排斥。人们有渴望被接受的需要，希望获得其他人的赞同，并避免其他人反对。人们通常希望别人能够接受自己、喜欢自己、友好地对待自己。当人们为了获得社会接纳而改变自己的行为方式，使其符合群体的规范和标准时，规范性影响便起了作用。

阿希的实验中，情境十分明确，正确答案显而易见，被试不需要从他人那里获得信息来判断，规范性社会影响在这里发挥了作用。与信息性社会影响相比，规范性社会影响常常会导致人们公开地顺从群体的信念和行为，但私下并不一定接纳，也没有必要非得改变自己的个人观念。

四、影响从众的因素

影响个体从众行为的因素主要归为三类：群体因素、情境因素和个体因素。

（一）群体因素

1. 群体规模。一般而言，群体规模越大，从众越容易发生。这是因为，在一定范围内，人们的从众随群体规模的增大而增大。假想你在一个让你感到寒冷的屋子里，如果屋子里还有另外一个人，他抱怨屋子太热，你可能会认为这个人不是在说胡话就是发了高烧。但是如果屋子里还有另外5个人，而且他们都说屋子太热，你可能会再重新思考一下，怀疑自己是不是什么地方出了毛病。5个人比1个人更容易使人相信。一般来说，群体规模越大，引起的从众也就越高。米尔格拉姆（Milgram，1969）在纽约市的一个热闹的街道上，由实验助手站在街边，抬头看一个街对面的六层办公大楼的一个窗户，并测试从这里经过的人发生从众行为可能性。实验助手的群体规模分别是1人、3人、5人、10人和15人。实验结果表明，过路人同样也抬头观望的人数明显随群体规模的增大而增多。

2. 群体一致性。群体一致性越强，从众越容易发生。这是因为，个体在面对一致性的群体时所面临的从众压力是非常大的。当群体中意见并不完全一致时，从众的数量会明显下降。

3. 群体的凝聚力。群体凝聚力越强，从众越容易发生。这里，群体凝聚力是指群体对其成员的总吸引力水平。群体的凝聚力越高，个体对群体的依附性和依赖心理越强烈，越容易对自己所属群体有强烈的认同感。他们与群体有密切的情感联系，有对群体做出贡献和履行义务的要求。

（二）情境因素

1. 时间因素。时间因素对从众行为的影响可以从两方面理解。一方面，群体互动过程中的不同阶段对从众行为的影响是不同的，互动的早期阶段更容易发生从众行为，因为这个阶段双方处在相互适应阶段，双方都试图建立规范。在这样的情况下，双方相互接纳对方的程度较高，比较易于被说服和接受他人观点。另一方面，到了互动的后期，相互之间会试图巩固自己的地位，从而变得不易接受影响。

2. 刺激物的性质。人们更容易对模棱两可的刺激物作出从众反应，如果是那些具有清晰性质的刺激物出现的时候，人们不容易受他人影响。

（三）个体因素

从众在一定程度上还受到性别、年龄、个性特征、知识经验等因素的影响。一般来讲，女性在相应的困难程度下比男性更倾向于从众。从年龄上看，儿童和青少年比成人更容易从众，因为这个时期的个体处于发展阶段，通常也被称为可塑期，随着年龄的增长、性格的稳定，在从众行为上年龄差异就不再明显。在个性特征上，能力强、自信心强的人，不容易发生从众；有较高社会赞许需要的人、特别重视他人的评价的人，从众的可能性更大；性格软弱、受暗示性强的人，容易表现出从众行为。另外，在知识经验上，人们对刺激对象越了解，掌握的信息越多，就越不容易从众。再者，个体在群体中的地位越高，越有权威性，就越不容易屈服于群体的压力。一般来说，地位高的成员经验丰富、能力较强、信息较多，他们的看法和意见能对群体产生较大的影响，并使地位低的成员屈从。老师在学生面前、军官在士兵面前、领导在下属面前都会较少从众，甚至特意通过不从众来显示自己的与众不同。

9-1 从众的好处

不同个体间的文化差异在一定程度上影响从众。有学者（Bond & Smith, 1996）对 17 个国家 133 项研究进行了分析，证实了文化价值确实对从众有影响。与个人主义国家的人相比，集体主义国家（珍视和谐、人际关系）的人更容易受到他人的影响而作出从众反应。此外，文化也在不断发生变化。对英国、美国和加拿大的大学生重复进行阿希实验，与二三十年前阿希观察到的情况相比，人们会表现出较少的从众行为。由此可见，从众虽然在全世界都普遍存在，但是也会表现出文化和时代的差异。

第二节　服　从

在社会生活中，人们往往不得已而为之地做出某些行为；例如，员工必须按照老板的指令做事才能拿到工资，学生不得不遵守学校的规定按时上学、放学，这些就是服从行为。

一、服从的含义

服从（obedience）是指由于外界压力而使个体发生符合外界要求的行为。这里，外界压力主要来自两个方面——他人和规范。很多时候人们会服从地位高的人或权威的命令，父母、老师、警察、上司都是我们服从的对象。除了对权威他人的服从之外，还有对规范的服从，比如组织纪律、约定俗成的惯例，都是我们必须服从的。

服从和从众的共同点是均为压力引发的行为，属于社会影响的产物，但两者的压力来源、发生方式和后果三个方面存在明显不同。服从的压力来自外界的规范或权威的命令，从众的压力则源于个体内心；服从是带有强迫性质的被迫发生的行为，从众则是个体不受任何强迫或命令而产生的自发行为；拒绝服从会使个体受到惩罚，拒绝从众会引起个体的内心不安和失衡。另外，由于人的行为的复杂性，服从和从众往往相互交织，难以截然分开。

二、米尔格拉姆的服从权威实验

此实验是一项非常有名的社会心理学实验，其目的是测试受测者在遭遇权威者下达违背良心的命令时，人性所能发挥的拒绝力量到底有多少。米尔格拉姆想知道千百万名参与了犹太人大屠杀的纳粹追随者，有没有可能只是单纯地服从了上级的命令。

实验开始于 1961 年 7 月。实验小组在报纸上刊登广告并寄出许多广告信，招募参与者前来耶鲁大学协助实验。实验地点选在大学的老旧校区中的一间地下室，地下室有两个以墙壁隔开的房间。广告上说明实验将进行约一小时，报酬是4.50 美元。参与者年龄从 20 岁至 50 岁不等，包含各种教育背景，从小学毕业至博士学位都有。参与者被告知这是一项关于"体罚对于学习行为的效用"的实验，并被告知自身将扮演"老师"的角色，以教导隔壁房间的另一位参与者——"学生"，然而学生事实上是由实验人员假冒的。参与者被告知，他被随机挑选为担任"老师"，并获得了一张"答案卷"，并向他说明隔壁被挑选为"学生"的参与者也拿到了一张"题目卷"。但事实上两张纸都是"答案卷"，而所有真正的参与者都是"老师"。"老师"和"学生"分处不同房间，他们不能看到对方，但能隔着墙壁以声音互相沟通。有一位参与者甚至被事先告知隔壁参与者患有心脏病。"老师"被给予一台据称从45伏特起跳的电击控制器，控制器连结至一台发电机，并被告知这台控制器能使隔壁的"学生"受到电击。"老师"所取得的答案卷上列出了一些搭配好的单字，而"老师"的任务便是教导隔壁的"学生"。老师会逐一朗读这些单字配对给学生听，朗读完毕后老师会开始考试，每个单字配对会念出四个单字选项让学生作答，学生会按下按钮以指出正确答案。如果学生答对了，老师会继续测验其他单字。如果学生答错了，老师会对学生施以电击，每逢作答错误，电击的伏特数也会随之提升。

参与者以为，学生每次作答错误会真的遭到电击，但事实上并没有电击产生。在隔壁房间里，由实验人员所假冒的学生打开录音机，录音机会搭配着发电机的动作而播放预先录制的尖叫声，随着电击伏特数提升也会有更为惊人的尖叫声。当伏特数提升到一定程度后，假冒的学生会开始敲打墙壁，而在敲打墙壁数次后则会开始抱怨他患有心脏病。接下来当伏特数继续提升到一定程度后，学生将会突然保持沉默，停止作答并停止尖叫和其他反应。米尔格拉姆实验结果之所以让世人震惊，是因为大多数实验对象都按下了高压电伏的按钮。实验结束后，实验者把真相告知被试并进行安慰，以消除他们内心的不安（Milgram，1969）。

这一研究结果令人震惊，似乎表明如果权威命令普通人去伤害无辜的陌生人，虽然有些不情愿，但他们仍然会去做。米尔格拉姆列举了几点理由来解释为什么这么特殊的情境会产生如此强烈的服从倾向。从被试角度看，原因主要有以下几点：①这项研究是由耶鲁大学发起的，一定是好事，没有谁会怀疑如此著名的学校；②实验目的很重要，因为我是志愿者，所以我会尽力完成我的任务；③实验中的学生也是志愿来的，对这项工作也负有责任；④我是老师，他是学生，是抽签决定的；⑤研究者为这事给我报酬，我要尽力做好；⑥我完全不知道心理学家和被试的权力，所以我将屈从于他们的安排；⑦他们告诉我，电击是痛苦的，但没有危险。

三、影响服从的因素

（一）命令者的权威性

命令者的权威性越大，越容易导致服从。职位高、权力较大、知识丰富、年龄较大、能力突出等，都是构成权威影响的因素。另外，命令者手中如果掌握着奖惩的权力也会使服从行为大大增加。在米尔格拉姆的实验中，发出命令的是耶鲁大学一位很有名望的心理学家，并且宣称该实验研究的是一个重要的科学问题，这种权威身份增加了服从的可能性。如果主持实验的不是一位专家，服从率有可能降低。这说明只有高度的权威才能带来高度的服从。

（二）他人支持与服从

米尔格拉姆在原有实验的基础上，让 3 名被试（其中有两名假被试，都是实验助手）在一起进行这个实验，其中依次安排两个假被试在不同电压的时候拒绝服从继续增加电压施加电击。在 150 伏时，第一名假被试拒绝服从，并且坐在旁边观看其他人，当电压达到 210 伏时第二名假被试也拒绝进行。实验结果表明，他人的支持极大地降低了权威者的命令效力，大大提高了被试的反抗程度。当有别人的反抗支持时，90% 的被试都变得对抗实验者，拒绝服从。有些被试当假被试一退出马上也拒绝继续。另一些则延迟一会儿再作出拒绝反应。很明显，社会支持显著增加了人们对权威的反抗。

（三）服从者的道德水平和人格特征

在涉及道德、政治等问题时，人们是否服从权威，并不单独取决于服从心理，还与他的世界观、价值观密切相关。道德发展水平直接与人们的服从行为有关。米尔格拉姆对参加实验的被试进行人格测验，发现服从的被试具有明显的权威主义人格特征。有这种权威人格特征或倾向的人，往往十分重视社会规范和社会价值，主张对于违反社会规范的行为进行严厉惩罚；他们往往追求权力和使用强硬手段，毫不怀疑地接受权威人物的命令，表现出个人迷信和盲目崇拜；同时他们会压抑个人内在的情绪体验，不敢流露出真实的情绪感受。

（四）权威的靠近程度

米尔格拉姆在进一步的实验中，把主试和被试的关系分为三种：第一种，主试与被试面对面地在一起；第二种，主试向被试交待任务后离开现场，通过电话与其联系；第三种，主试不在场，实验要求的指导语全部由录音机播放。结果表明，权威越靠近，完全服从的比例越高；反之，服从率越低。权威的压力由于距离的扩大而减小。在第二、第三种情况下，有的被试还会弄虚作假，欺骗主试，例如他们发出的电击强度低于实验者的要求，而且事后不告诉实验者。如果用责任转移来解释这种情况就会发现，实验中的多数被试对自己用伤害性的电击对待别人心存冲突，但大多数人还是服从了权威的命令，这是因为被试在行为归因上将行为的责任转移给了实验者，认为自己仅仅是帮助实验者达到研究目的代理人，不对行为后果负有责任。在这种心态下，人们关心的是如何更忠实地履行自己的义务，而不关心行为的后果。而当实验者不与被试直接在一起时，他们的行为自我责任意识明显增加。

（五）行为后果的反馈

米尔格拉姆的研究的另一个变式是用不同方式来提供行为后果的反馈。在实验中，研究者比较了四种反馈情景：

1. 间接反馈。在这种情况下，真被试"老师"与充当学生的实验助手不在一间屋子里，因而看不到被电击者的痛苦状态，也听不到声音，只是在电压加到300伏之后，有撞墙壁的声音（录音）。

2. 声音反馈。这种反馈通过事先准备好的标准录音播放来提供，让被试听到受害者的喊叫、抱怨、愤慨和挣扎。对应于不同的电压水平，声音的痛苦程度也不同。

3. 身体接近。受害者的反应由专门的实验助手做规范化的逼真表演，显示各种痛苦表现和声音反馈。

9-2 将受害者个性化

4. 身体接触。这种情况与身体接近情况相似，但作为教师的被试会将受害音的手压放在电击台上，实施电击。

结果发现，在这四种反馈形式下，服从的比例越来越小。可见，行为后果的反馈越直接、越充分，人们伤害他人的可能性越小。

第三节 其他社会影响现象

人是社会性的动物，我们时刻会感受到来自他人、群体、社会的影响，他人在场是否会对我们的行为产生影响？如何影响？有时候，他人在场能让我们更加努力、表现更佳；而有些时候，他人在场会令我们有所松懈，努力程度减少。在群体中，还可能会让个体感到自我身份意识的缺失，以及冲动偏差行为的增加等。社会心理学家对个体在他人在场情景下的这些可能性反应展开了广泛的研究。

一、社会促进与社会抑制

（一）社会促进与社会抑制的含义

社会促进是指个体从事某项活动时，他人的在场能够促进其活动尽快完成，即提高其活动效率的现象，也称社会助长。最早对社会促进问题进行研究的是特里普里特（Triplett），他对社会促进的证明也是最早的社会心理学实验。特里普里特注意到在有竞争时人们骑车的速度比单独骑的时候快，因此设计了一项实验，探讨儿童在有他人存在时是否会工作得更勤快。结果证明了他的预期。儿童在绕钓鱼线比赛的实验中，当有他人存在时个体工作更加卖力。实验社会心理学创始人奥尔波特（1924）指出，这种作用的产生只是依靠有其他的个体在场，即使实验者不要求他们进行比赛和竞争，但是效率依然比个体单独进行时高。邦德（Bond，1983）和盖林（Guerin，1986）对上百个个体研究的元分析证明了社会促进确实存在于人类行为之中。事实上，社会促进作用不仅发生在人类身上，陈（Chen）在1937年发现在蚂蚁群体中也有此类现象发生，当蚂蚁聚拢在一起时，每只蚂蚁的平均挖土量是单独挖时的3倍。

结伴和观众是社会促进作用的两个表现形式，它们都有可能促进活动的完成，但也不尽然。有时候，结伴效应和观众效应会以另一种相反的形式表现出来，这就是社会抑制，即个体在从事某一活动时，他人在场干扰活动的完成，抑制活动效率，它也被称为社会干扰。我们在生活中会发现，有时别人在场不仅不能让人们更好地工作，相反还会把事情办得很糟，即我们通常所说的怯场。例如，一个新教师或新演员，在登台之前练习时，口齿清楚，表情自然，可是一到台上，面对众人，就心里发慌，手足无措。有人说，这是由于不习惯造成的。这个解释说明不了为什么那些已经习惯自己职业的老教师或老演员，如果台下有自己的朋友、熟人或领导，神情也不同以往，常会汗流浃背，内心紧张，甚至还会出现不应有的失误。

奥尔波特（Floyd Henry Allport，1890～1978）于1916～1919年，在哈佛大学心理实验室做了一系列有关社会促进的实验。他让大学生被试单独或者结伴从事下列复杂程度不同的活动。第一项工作是连锁联想，即实验者说出一个刺激词，被试迅速想出一个与之有关的反应词，以这个反应词为新的刺激词，再联想其他的反应词，如此继续联想下去，直到时限终了为止（3分钟）。第二项工作是删去元音，即划掉若干短文中所有的元音字母。第三项工作是转换透视，即被试注视可以转换透视的立方体，实验要求被试迅速进行两种透视的转换，并记录他们1分钟内转换的次数。第四项工作是乘法运算，即让被试进行若干两位数乘法的运算。第五项工作是判断，即让被试嗅5组10种（两种一组）香的或臭的气味，然后报告自己的快感程度。第六项工作是写批驳文章，即实验者从两个古代哲学家的著作中选几段性质一致的论述，给每个被试一段，要求他们在5分钟时间内写一篇批驳短文，写得越长越好，批得越深刻越好。奥尔波特为了排除竞争因素的影响，要求被试不得相互比较工作进度。实验结果表明，在前5种活动中，被试在结伴的条件下都取得了比单独活动更优异的成绩；但在写批驳论文时，单独活动效果更好。可见，他人在场或与别人一起工作，并不总是产生社会促进，随着工作难度的加大，社会促进作用可能会变成社会抑制。

想一想

9-1　现在，在许多新写字楼里，用一些低矮的隔离物划分出宽敞、开放的办公区域已经替代了私人办公室。在"开放的办公室计划"里，人们都在他人在场的情境下工作。这种想法是意识到他人在场是有助于提高熟练任务的作业成绩，还是会干扰对其复杂任务的创造性思维？

（二）社会促进与社会抑制的理论解释

为什么他人在场会产生两种相互矛盾的作用？心理学家对此作出了各种解释。

1. 优势反应强化说（dominant response theory）。优势反应强化说认为，一个人在动机强烈时，他的优势反应（dominant response）能够很轻易地表现出来，而较弱的反应会受到抑制。所谓优势反应，是指那些已经学习和掌握得相当熟练、不假思索就可以表现出来的习惯动作。如果一个人从事的活动是相当熟练的，或者是很简单的机械性动作，则他人在场使之动机增强，活动更加出色。相反，如果他所从事的活动是正在学习的、不熟练的或者需要费脑筋的，他人在场使之动机增强，反而会产生干扰作用（Zajonc，1965）。

2. 评价与竞争观点。查荣克（Zajonc，1965）认为仅仅他人在场就会产生唤醒，但他人在场并不一定导致动机水平的提高。观众一旦蒙上眼睛，就不会对被试的动机水平产生影响。因此，一些学者认为观众的评价是形成社会促进的重要原因。个体在成长过程中不断受到他人评价，并且会逐渐变得关注他人评价，争取赢得他人对自己好的评价。因此，他人在场激发了行为者的被评价意识，从而提高了动机水平。这种对他人评价的关注，被称为评价顾忌。在任务简单时，意识到自己正在被评价会使人们更努力；而在任务复杂时，这种被评价的压力则会降低绩效。

3. 分散冲突理论。由于社会促进不仅在人类身上存在，在许多动物身上也有类似现象发生，而动物是用不着担心"评价"的。为了解释这一点，桑德斯（Sanders，1983）和巴伦（Baron，1986）提出了分散冲突理论（distraction - conflict theory）。该理论认为，他人存在是一种干扰，当个体正从事一项工作时，他人在场会造成他注意力的分散和转移，产生注意观众和注意任务之间的转移。这种冲突能增强唤醒水平，对其工作效率造成影响。唤醒时增强还是降低绩效取决于该任务所要求的反应是否为优势反应。如果从事不熟悉或难度大的任务，需要高度集中注意力才能完成，此时，分散注意力就会干扰工作进度；如果从事熟练或简单的任务，人们已达到"自动化"程度，不需要全部的注意力，为了补偿干扰，人们更加专心，更加努力，实际效果会更好。

总之，社会促进现象可以由各种理论来解释，而越来越多的研究者认为，不同的理论解释之间并不是相互对立的，它们可能同时存在于社会促进过程中。

二、社会惰化

在讨论社会促进和社会抑制时，个人的努力都将得到评价。这种被评价的可能性是解释社会促进的一个重要因素。如果群体中成员的付出不能被单独评估，个体感受不到这种压力，会产生怎样的情况？接下来，我们将讨论可能造成的情况之一——社会惰化。

（一）社会惰化的含义

社会惰化（social loafing）是指个人与群体其他成员一起完成某种事情时，往往个人所付出的努力比单独时偏少，不如其独立完成时出力多，个人的活动积极性与效率下降的现象，也称之为社会懈怠。法国人瑞格曼（Ringelmann，1913）做了一个拔河比赛的实验，他要求被试在单独的和群体的两种情境下拔河，同时用仪器来测量他们的拉力。结果发现随着被试人数的增加，每个被试平均使出的力减少了。1个人拉时平均出力63公斤；3个人的群体拉时，平均出力是53.5公斤；8个人时是31公斤。这种共同完成一项任务时，群体人数越多、个人出力越少的现象，后来在其他人的实验中也得到证实。这些现象不仅在实验室里看到，在日常生活中也很普遍。所谓"一个和尚挑水喝，两个和尚抬水喝，三个和尚没水喝"，正是这种社会心理现象的形象化表现。

斯泰勒（Steiner，1972）发现，随着团队成员数量的增加，个人努力程度下降，个体在团队中的实际表现（actual performance）与潜在表现（potential performance）存在较大差异。他认为个人努力程度的下降是以下两种过程协同作用的结果：第一是协调性丧失（coordination loss），即当群体规模扩大时，成员之间的工作联结点增多，工作协调的难度增加，出现相互干扰，导致成员无法尽全力，或力量互相抵消。第二是动机性丧失（motivation loss），即群体工作中，个体的工作动机水平比单独工作状态下要低，这样，个体的努力与贡献程度就会下降。拉坦内（Latané）等在1979年同样用实验证明了社会惰化现象的存在。在研究中，他让大学生以欢呼或鼓掌的方式尽可能地制造噪音，每个人分别在独自、2人、4人和6人一组的情况下表演。结果表明，每个人所制造的噪音随群体人数的增加而下降。

（二）社会惰化的理论解释

1. 社会影响理论（social impact theory）。该理论强调社会惰化的外部影响因素。在社会环境中，个体的心理与行为会受到外界压力源的影响，压力会随着压力源的数量、直接性、重要性和强度的增强而增加，个体会根据他们所承受的压力大小来决定努力的程度。也就是说，在这种情况下一个人无所谓努力或不努力，基于法不责众的观念，再加上团队的成绩不会归功于个人，个人的投入和团队产出之间的关系不明朗，那么他也许不会选择一如既往的努力了，因而产生了社会惰化。这种理论虽然具有一定的解释性，但却忽略了人们内心的心理机制。

2. 评价的可能性理论（evaluation potential theory）。该理论强调群体中个体的绩效不可辨认或被评价的可能性较低时，就会导致努力下降，产生迷失在群体当中的感觉（王雁飞、朱瑜，2006）。如果个体无论做多少工作，也没有人看得到，更不会得到任何积极的评价，他是否还会努力去做呢？在群体中，如果个体相信自己的表现无法辨认、不可能被评价，或行为与结果的联系不紧密时，就会采取努力极小化策略，继而表现出社会惰化行为。

3. 觉醒降低理论（arousal reduction theory）。该理论关注社会惰化形成的内部动机因素，认为个体在群体情境下的觉醒水平比平时低，但是这个过程会受到工作难度的影响，这是导致社会惰化的主要原因。个体在群体情境下从事相对简单任务的时候较容易出现社会惰化行为，但是在从事困难、复杂任务时，个人的觉醒水平和努力程度就会增加，这时社会惰化行为产生的可能性会减小。

4. 努力的可缺省性理论（dispensability of effort theory）。该理论认为，当个体觉得他们的努力对于群体的整体表现并不重要或无足轻重、可有可无，便会采取搭便车行为。也就是说，在群体中由于个体认识到自己的努力会埋没在人群中，所以对自己行为的责任感降低，从而不大去努力，致使作业水平下降。

5. 努力的比较理论（matching of effort theory）。该理论认为，在群体情境中，当个体发现群体中的伙伴不努力或工作效率不高时，会认为伙伴无能或工作动机较低，出于不想过多付出或多做贡献，就会选择降低努力程度。也就是说你认为当你在辛苦工作时，别人却在偷懒，那么你肯定也会减少工作量来重建公平感。

（三）社会惰化的预防

虽然社会惰化普遍存在，但并不意味着它必然发生。有一些方法可以减少社会惰化现象：

1. 单独评价。要求管理者不仅公布整个群体的工作成绩，而且公布每个成员的工作成绩，让成员感到自己的努力和成绩可以被单独评价。

2. 增强意识。帮助群体成员认识他人的工作成绩，使他们了解不仅自己是努力工作的，他人也和自己一样努力。

3. 控制群体规模。群体规模越大，社会作用力越分散，社会惰化就越严重。因此，在群体共同完成一项任务时，要注意群体规模不要太大。

此外，制定以群体整体成功为目标的奖励导向，增加工作本身的挑战性，增加群体的凝聚力等都能有效减少群体惰化现象，提高群体工作效率。

三、去个性化

（一）去个性化的含义

群体对个人产生影响的另一例证是去个性化。去个性化（deindividuation）现象就是指个体丧失了抵制从事与自己内在准则相矛盾行为的自我认同，从而做出了一些平常自己不会做出的反社会行为，也叫去个性化行为。去个性化现象是个体的自我认同被群体认同所取代的直接结果。生活中常见的去个性化现象并不多，但它的危害却十分严重，比如当某一个足球队的球迷因为自己的球队输球而聚集在一起闹事时，他们往往做出自己平时想都不敢想的事情，像烧汽车、砸商店，甚至杀人放火等。

对此现象的研究最早源于法国社会学家勒庞（Le Bon）的研究。勒庞（1841~1931），也是群体心理学的创始人。他以对群体心理特征的研究而著称，于 1895 年出版了《乌合之众：大众心理研究》一书。勒庞发现，激动的群体倾向于有相同的感受和行为，因为个体的情绪可以传染给群体。在这种情况下，即使一个成员做了一件大部分人反对的事情，其他人也会倾向于仿效它。勒庞把这种现象称为"社会感染"（social contagion）。社会心理学家费斯汀格（Festinger）用更现代的词把这种现象命名为去个性化。

费斯汀格（1952）以男大学生为被试，让他们以组为单位进行讨论，讨论内容是让每个人说说是憎恨自己的父亲，还是憎恨自己的母亲。这是一个敏感的问题，平常大家很少谈它。一部分小组的讨论在明亮的教室里进行，每个成员都具有高辨认性；另一部分小组的讨论在昏暗的教室里进行，每个成员还穿上布袋装，只露出鼻孔和眼睛，具有低辨认性。研究者预期具有低辨认性的被试，即去个性化的被试将会更猛烈地抨击自己的父母，实验结果证实了这种预测。研究人员还发现，去个性化的群体对成员具有更大的吸引力。费斯汀格的解释对于目前所出现的网络集群行为和网络去个性化行为可以进行很好的解释。

津巴多在 1970 年也试图研究去个性化在诸如敌视、盗窃等极端行为中的作用。他以女大学生为研究对象，告诉她们将进行一项关于人类移情的实验，要求她们对隔壁房间的女生实施电击。她们可以从单向镜里看到女生被电击的情形。一些小组的被试被安排在昏暗的房间里，身着布袋装，不佩带名签，具有低辨认性。结果证实，和没有去个性化的被试相比，那些去个性化的被试电击受害者的时间延长了一倍。当然，受害者并未真的被电击，她的哭喊挣扎是假装的并扮演得非常逼真。津巴多还把受害者的形象作为自变量加以改变，一个受害者看起来是个举止文雅、乐于助人的妇女，另一个受害者看起来是个十分爱挑剔、以自我为中心的妇女。实验表明，在没有去个性化的情况下，被试对那个文雅的妇女电击时间短，对那个尖刻的妇女电击的时间长；而在去个性化的条件下，对这两个妇女都进行了更长时间的电击。

（二）产生去个性化的原因

1. 匿名性（anonymity）。匿名性是引起去个性化现象的关键，群体成员身份越隐匿，他们就越会觉得不需要对自己的行为负责。费斯廷格认为，当个体的注意力投向群体时，他对自己的注意力便消失了。由于去个性化减弱了作为个体时的约束力，也即社会对其的约束力，因此为个体从事反常的行为创造了条件。丹尼尔（Diener, 1976）对儿童偷窃行为的研究也证明了这一点。在研究开始的时候，他们问了有些孩子的名字并记下，对另一些儿童则无这样的处理。研究的情景是，当大人不在场时，孩子有机会偷拿额外的糖果。结果支持了匿名的效果，那些被问及姓名的小朋友不太会去多拿，即使他们知道自己不会被抓住，他们也不会去做。

2. 责任分散（diffused responsibility）。随着加入群体，成为群体成员，群体成员便会觉得自己是个匿名者而肆意破坏社会规范。另外，群体生活告诉群体成员，群体活动的责任是分散的，或者说分散在每个小组成员身上，任何一个具体成员都不必单独承担由该群体所招致的谴责。

3. 自我意识下降。丹尼尔（1980）认为引发去个性化行为的最主要的认知因素是缺乏自我意识。人们的行为通常受道德意识、价值系统以及所习得的社会规范的控制，但在某些情境中，个体的自我意识会失去这些控制功能。比如在群体中，个体认为自己的行为是群体的一部分，这使得人们觉得没有必要对自己的行为负责，也不顾及行为的严重后果，从而做出不道德与反社会的行为。人们大多数的去个性化都是因为自我意识的能动作用丧失而引起的。

群体表现出攻击之前常常会发生一些较小的、引发人们唤起状态或分散其注意力的事件。集体喊叫、高歌、鼓掌或跳舞，既可以令人们热情似火，又能减少其自我意识。丹尼尔（1976，1979）的实验表明，像扔石头、小组合唱这样的活动能成为其他更放肆行为的前奏。当人们看到别人做出和自己一样的行为时，会对自己做出冲动性的举动产生一种自我强化的愉悦感。还有一些时候，我们会主动寻找去个性化的群体体验——跳舞、宗教体验、群体交流等，从中我们能体验到强烈的积极情感以及与他人亲密无间的关系。

4. 弱化自我觉察。自我觉察（self - awareness）是去个体化的对立面。自我觉察的人，如站在镜子或摄像机面前的人，会表现得更加自控，这时他们的行为也能够更加清晰地反映他们的态度。自我觉察的人不太可能做出欺骗行为（Beaman & others，1979），那些一直坚信自己是独立而与众不同的人也不太可能做出欺骗行为（Nadler & others，1982）。这些研究结果可以应用到日常生活中的情境中。镜子和相机、小城镇的居住环境、明亮的光线、醒目的姓名标签、凝神静思、个性化的房屋和着装等情境都可以减弱个体的去个性化。

当然，津巴多提出，还有大量的因素也可能影响去个性化的产生，如群体的规模、情绪的激发水平、情境不明确时的新奇感、群体中独特的刺激（如毒品或酒精等）、参与群体活动的程度等。需指出的是，去个性化既可能导致反常的或消极的行为，也可能导致建设性或创造性行为。比如去个性化行为的应用也可以让人们表现出更多地遵守群体规则的行为，而且通过去个性化操作可以显著增强个体对规则的遵守。

复习题

1. 简析从众的原因。

2. 简述服从的影响因素。

3. 对社会促进与社会抑制的理论解释有哪些？

4. 如何减少社会惰化？

5. 什么是去个性化？为什么会产生？

参考文献

1. 乐国安主编:《社会心理学》,中国人民大学出版社 2013 年版。

2. [美] 戴维·迈尔斯:《社会心理学》,侯玉波、乐国安、张智勇等译,人民邮电出版社 2014 年版。

3. 侯玉波编著:《社会心理学》,北京大学出版社 2013 年版。

4. 全国 13 所高等院校《社会心理学》编写组:《社会心理学》,南开大学出版社 2008 年版。

5. S. E. Asch, "Effects of group pressure upon the modification and distortion of judgment", In H. Guetzkow (ed.), *Groups*, *Leadership and Men*, Pittsburgh, PA: Carnegie Press, 1951.

6. S. E. Asch, "Opinions and social pressure", *Scientific American*, 193 (1955), pp. 31 ~ 35.

7. V. L. Allen, & J. M. Levine, "Social Support and Conformity: The Role of Independent Assessment of Reality", *Journal of Experimental Social Psychology*, 7 (1971), pp. 48 ~ 58.

第十章 群体心理

想一想

10-1 通过对上一章有关社会影响现象的学习，请在下列空白处填写有关的术语来描述给出的现象：

1. 个人在有他人在场时，工作效率会提高或降低，即产生了_____或_____作用；

2. 在很多人集体做一件事情时，个体付出的努力会比单独时要少，即产生了_____现象；

3. 当大多数人的意见一致时，即使我们不赞同也会随大流，即产生了_____现象；

4. 当权威向我们下达命令时，即使是不道德的命令，我们也会_____。

上述社会促进、社会抑制、社会惰化、从众与服从这些现象的描述在现实生活中经常发生在群体之中，是群体对身处其中的个体所产生的影响。

毫无疑问，社会是由各种各样的群体组成，而我们每个人总是生活在各种群体（如家庭、班级）之中，即作为群体的成员而存在的。群体虽由个体集合而产生，但群体心理决非个体心理的简单累加，它是社会心理学研究的又一层次。本章将讨论群体的含义与分类、群体的功能、群体规范、群体领导以及群体决策等内容。

第一节 群体概述

一、群体的含义

群体（group）是社会学、社会心理学、管理学等学科的研究主题之一，不同学科的不同学者都从自己的角度出发，对群体的含义给出了不同的理解。即使在社会心理学的研究中，对群体的理解也不尽相同。总的看来，对群体含义的理解主要分两类，为了区分，我们暂且称为广义与狭义的群体定义。

广义的群体定义是把社会群体（Social groups）界定为由具有某一共同的且具有社会意义的特征的两个或两个以上的人构成的集合。在大多数国家，性别、年龄、种族、社会地位、文化背景这些具有社会意义的特征都是划分群体的重要依据，比如由65岁以上的老人组成的老年群体。

在社会心理学中，对群体偏见与歧视的研究（参见第五章中的"特殊的态度——偏见"）中的群体（如黑人、女性）就符合这一广义的定义。黑人、女性这类群体在实际上并不存在，只是为了研究和统计分析的需要，把具有某种共同特征的人在想象中组织起来成为群体，所以，这类群体常被称为统计群体。当然，广义的群体还包括下文将讨论的真实存在的狭义群体。

狭义的群体指那些成员间相互依赖、彼此间存在互动的集合体。如学校篮球队、家庭、工厂中的班组等。国内有些学者，如侯玉波（2013）也把这类群体称为团体。在本章我们要研究的就是这类群体。

需强调的是，只有满足下列标准的人群才能称为这类狭义的群体：

1. 构成群体的人们之间必须具有频繁的互动，即成员之间有生活、学习和工作上的交往，有信息、思想、感情上的交流。

2. 构成群体的个体之间以某种方式相互依赖、形成有结构的人群联系。在任何一个群体中，每个成员都占有一定的地位，扮演着一定的角色，并由此构成一定的等级体系和人际关系网络。如有的当领导者，有的当下属（有关领导者的研究请看下文第二节）。

3. 成员间的关系必须是相对稳定的，他们聚在一起能够持续一段较长的时间，如数个星期、数个月或数年。

4. 群体成员具有共同的目标和利益。任何群体都有一定的目标，这种目标是群体进行活动的方向和目的。正因为群体成员有着共同要追求的目标，才使得群体得以存在和发展。通常，由群体实现的目标是个体无法单独达成的。

5. 群体成员要明确意识到自己是属于某一群体的以及明晰该群体的界限。

6. 群体成员具有共同的规范。群体规范将在下文介绍。

想一想

10-2 根据上述有关狭义群体的定义及标准，请判断下列集合体是不是狭义的群体：

全中国某晚7点10分观看中央电视台新闻联播节目的人 a. 是 b. 不是

在街头围观他人打架的一群人 a. 是 b. 不是

北京国安足球队 a. 是 b. 不是

二、群体的分类

有很多种群体分类方法，最常见的方法是将群体划分为正式群体和非正式群体。

正式群体是指那些有明确规章，成员地位和角色、权利和义务都很清楚，并具有稳定、正式编制的群体，如机关的科室、工厂的班组、学校的班级等。正式群体按其存在时间的长短又可分为永久性正式群体和暂时性正式群体。永久性正式群体前面已提到，科室、班组都属之；暂时性正式群体是指如新产品设计组、毕业生分配组等临时性组织。

非正式群体是指那些自发产生的，无明确规章的，成员的地位与角色、权利与义务都不确定的群体。人们除了完成工作和学习任务，还有交友、娱乐、消遣等各种各样的欲望与需要，非正式群体往往借助于同乡会、集邮爱好者协会、诗社、绘画小组等形式，帮助其成员获得某种需要。非正式群体往往以共同的利益、观点为基础，以感情为纽带，有较强的内聚力和较高的行为一致性。

非正式群体普遍存在于正式群体中，这是一个客观存在的事实，特别是在正式群体的目标与其成员的需求与愿望不一致、正式群体不能发挥正常的功能或缺乏合理的领导机构时，非正式群体更容易产生。例如，在大学中，由于班级不能充分发挥其功效，同乡会、各种形式的联谊会便可以吸引大量学生。

而非正式群体到底对正式群体具有什么样的作用，也要从两方面考虑。非正式群体之所以会存在，就在于它满足了正式群体中成员的某些需求，这可能有助于正式群体的巩固；但是如果非正式群体的目标与正式群体的目标不一致，尤其是当正式群体的领导人失去在非正式群体成员中的威信时，就不会产生积极的作用，有时甚至会起到相反的破坏作用。

三、群体规范

常言说："国有国法，家有家规。"群体一旦形成，就需要有一定的行为准则来统一其成员的信念、价值观和行为，以保障群体目标的实现和群体活动的一致性。这种群体所确立的一套规定成员如何做的行为准则和标准就是群体规范（group norm）。

群体规范可以分为正式规范与非正式规范。正式规范指在正式群体中明文规定的行为准则，如认真学习、工作，服从上级，尊敬师长等。正式规范存在于正式群体中，并且往往用文字形式固定下来，由上级或同事监督执行。若违背的话，根据情节的轻重，由群体正式给予批评、警告和处分等。非正式规范是群体成员间相互约定的、自发形成的、大家一致同意却没有明文规定的规范。这种规范虽然没有被正式规定下来，但能被每个人意识到，并自觉地遵守。例如，一个工厂的班组可能有一种非正式的、非书面的规章。根据这种规章，一个好伙计，既不能干活干得太快，使管理部门增加定额，也不能偷懒耍滑，完不成自己的任务；一起干活的工人违反了厂规，不应告密；不能势利眼，对同伴们表现出高高在上的样子。如果一位工人违反了这种规范，往往会受到舆论的谴责，或众人的冷眼、排斥和打击，这就给人在心理上形成一种压力。

群体规范还可分为一般的社会规范和反社会的规范。群体内部的大多数规范是与社会主体文化规范相一致的。但也有些是不被社会所承认的反社会规范，例如犯罪团伙中的哥儿们义气、大胆、好斗等。这些犯罪团伙成员的行为准则，在多数情况下是与主体社会文化规范相抵触的。而且由于这种反社会规范不被社会所承认，所以维护这种规范，要靠比较森严的"纪律"，若违反了它，往往要受到团伙成员的严厉制裁。

群体规范一旦形成，就开始对群体成员的一言一行发生作用，它使群体成员的意见和看法趋于一致，并约束与调节着他们的行为。如，在上一章所介绍过的阿希（Asch）的从众研究中，人们之所以趋于从众，是因为群体为他们带来了某些信息性的或规范性的压力。

第二节　群体领导

在前文已介绍过：在任何一个群体中，每个成员都占有一定的地位，扮演着一定的角色，而领导者（leader）就是一个群体中占有举足轻重的地位、具有重要影响力的角色。所谓的领导者，就是在群体中向他人施加影响、带领成员实现群体目标的人。下文将讨论什么样的人更容易成为领导者及什么样的领导风格更有效。

一、领导者的产生

大多数领导者最初都是普通的群体成员，他们之所以能从众多的群体成员中脱颖而出，必定有他们不同于一般成员的独特之处。那么，什么样的人更可能成为领导者呢？对这一问题，主要有三种理论解释。

（一）特质论

特质论（trait theory）也称伟人论（great person theory）。此理论认为，一个人之所以能成为领导者，是因为他具有特殊的特质；这些特质或是天生的，或是后天形成的。里奇伟（Ridgeway，1983）就认为：智商高，政治经验丰富，身体强壮，组织、合作能力强，表达能力强，人际交往能力强，有抱负，愿意承担责任的人更容易成为领导者。

特质论存在以下局限：首先，并没有普遍适用的特质可以在所有情境中适用，也就是说，它忽视了情境因素的作用。一个领导者能否发挥作用，会因为环境的改变而改变。其次，在分离原因与结果方面的研究证据还不充分——是领导者具有交际能力强等特质，还是由于工作的成功使领导者形成了这些特质？最后，它忽视了下属的作用。如果没有下属的支持，领导者将无所作为。

（二）情境论

情境论（situational theory）中所说的"情境"是一个非常广义的概念，它包括群体所处的外部环境、群体的任务与目标、上级领导者的特点、群体成员的构成等。这种领导观认为，如果一个人所具有的某些特质正是一个群体所处的情境需要的，那么这个人就可能成为此群体的领导者。例如，果断、进取、雷厉风行是战争情境所需要的重要特质，因此，具有这些特质的英国首相丘吉尔在第二次世界大战期间功绩卓著，但战争结束后，由于他不愿管理那些"琐碎的小事"而不再担任首相。

（三）行为论

行为论（behavioral theory）认为，一个人之所以成为领导者，是因为他表现出了与众不同的行为，而此类行为正是群体所需要的，也是获得领导职位所必需的。在个体诸多的行为中，信息的交流是能否成为领导者的关键，并取决于以下三方面因素。

1. 交流信息的数量。一般来说，在群体中交流信息最活跃的成员，能发出和接受大量信息的人，最容易成为群体的领导者。因为群体是靠信息沟通和指挥的。与他人沟通频繁，说明这个人是群体活动的活跃分子，易引人注目。他通过交流信息以表达自己对社会现象的评价，增进对其他人的了解，并可以提出更多的建议。

2. 信息交流的内容。群体领导者与群体成员的区别不仅在于交流信息的数量多少，还在于他所交流信息的内容。只有那些更多地谈及群体存在和发展大事的、顺应群体要求的人，才能成为领导人。

3. 对信息的控制。一个领导人，不仅交流信息多，所交流的信息内容也关系到群体的存亡，他还应该处于信息交流的中心，控制着信息的交流。

美国管理心理学家莱维特（Leavitt）以五人小群体为研究对象，发现沟通网络有四种形态：链型、Y型、轮型和环型。那么在这四种沟通网络中，哪个位置的人更容易被认为是领导者呢？图 10 – 1 列出了一项研究的结果。[1] 图中直线连接的圆圈代表两个人可以直接交流信息，每一个圆圈内的数字表明那个位置上的成员被认为是群体领导者的次数。可见，只有环型沟通网络中的成员对领导者的提名缺乏一致，所有轮型群体成员都提名中间那个人当领袖，其他两种网络介于这两极之间。总体来看，处于控制交流信息位置的人更容易成为领导者。

---

〔1〕 引自：〔美〕弗里德曼、西尔斯、卡尔史密斯：《社会心理学》，高地、高佳等译，黑龙江人民出版社 1986 年版，第 530 页。

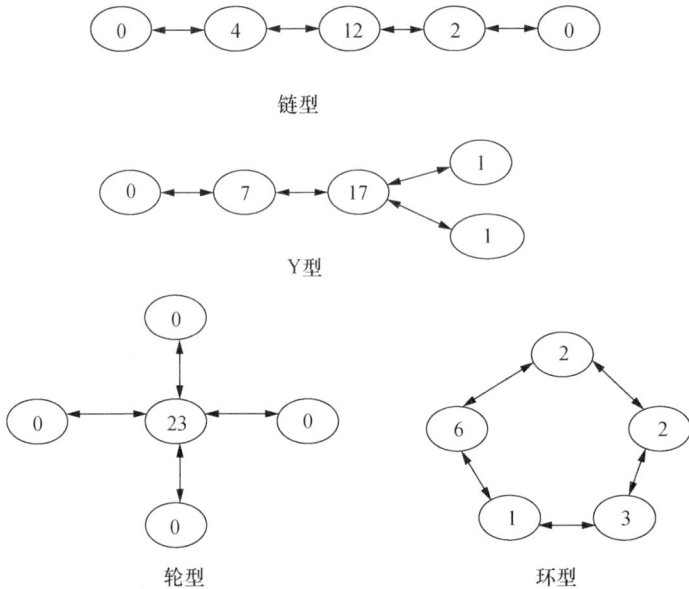

链型

Y型

轮型   环型

图 10 – 1   信息交流网络与领导者的选择

二、领导方式

领导方式又称领导风格，是领导者从事领导活动时所采纳的行为方式和所表现的行为特征。

（一）勒温对领导方式的分类

依据领导者对群体成员所采取的控制方式，勒温（Lewin）等人将群体领导方式分为三类：

1. 专制型领导。在群体内所有的方针由领导者决定，工作的方法程序由领导者一步步指示。群体成员无从了解群体活动的最终目标，不能选择工作的方式及伙伴。领导者凭个人好恶来评价成员工作成果，领导者和小组成员保持一定的距离，缺乏人情味。

2. 民主型领导。群体成员共同讨论决定群体方针，领导者在旁给予鼓励及支持。领导者平易近人，以事实为依据评价群体成员。领导者尽力避免干涉或指挥成员活动，对成员人们的表扬和批评尽量做到客观公正，力求把自己作为小组中的普通一员。

3. 放任型领导。领导者除了一些被动的管理工作外，对群体方针的决定、任务的分担、人员的安排、工作的评价等不作任何主动干预，基本上是放弃领导，放任自流。

勒温设置了几个指标，对各组进行比较，结果表明：

（1）放任组的工作做得很少，质量很差，但人际关系较好。

（2）民主组的成员能很好地团结在一起，高质量地完成工作任务，并表现出很好的自觉性。当领导者借故离开现场，他们仍然能够认真工作，在工作中表现出创造性的思维活动。

（3）专制组虽然也完成了指标，但工作质量不如民主组。当领导者借故离开时，成员马上停止工作，并表现出攻击行为和冷漠行为。他们对领导人有很大的依赖性，缺乏独创性。

根据以上描述不难看出，民主型领导是一种较为理想的领导方式。

（二）李克特对领导方式的分类

美国密执安大学社会研究中心的李克特（Likert）等人将领导方式归为四种：

1. 剥削式的集权领导。权利集中在领导者身上，领导者单独作出决定，而后下达给下属，并在必要时以强制的方式让下属执行，下属无任何发言权。领导者与所属成员之间存在一种互不信任的气氛，使得组织目标难以实现。

2. 慈善式的集权领导。权利控制在领导者手中，但授予下属部分权利，领导者对下属有一种比较和气的态度。领导者与所属成员之间存在一些沟通，但这些沟通仍然是表面的、肤浅的。领导人对所属成员并没有限制，所以工作的主动性不太高。

3. 协商式的民主领导。权利控制在领导者身上，下属被授予部分权利，领导者对下属有一定的信任。在这种领导方式中，决策权虽然在领导者身上，但须在充分听取下属意见、并在取得下属同意后才能作出决定。领导人与所属成员沟通程度比较深，彼此都有一定的信任，在执行决策时，能获得一定的相互支持。

4. 参与式的民主领导。在这种领导方式中，下属参与管理和领导，上下级处于平等的地位，领导和下属双方有比较充分的信任，并建立了一定的友谊。有问题时双方协商讨论，由最高领导人作最后决策，下属在一定范围内有自行决策权。领导者可以根据组织目标向下级提出具体目标，但不过多干涉下属如何实现目标的方法，而是给予实现目标的支持。

李克特认为，参与式的民主领导的效果最好，剥削式的集权领导的效果最差。绩效好的组织大多采用参与式民主领导，而绩效低的组织则更多为剥削式集权领导风格。

（三）密歇根大学领导研究中心对领导方式的分类

密歇根大学领导研究中心将领导行为划分为两个维度——员工导向（employee‑oriented）和生产导向（production‑oriented）。员工导向的领导者重视人际关系，总会考虑到下属的个人兴趣，并承认人与人之间差异的存在。与此相对照，生产导向的领导者更倾向于强调工作或任务，他们主要关心的是群体任务的完成情况，把群体成员视为达到目标的手段。密歇根大学的研究者发现，员工导向的领导者与高群体绩效和高工作满意度相关；生产导向的领导者与低群体绩效和低工作满意度相关。

三、领导的有效性

前文已提过，所谓的领导者，就是在群体中向他人施加影响、带领成员实现群体目标的人。那么这些目标是否实现了呢？这就涉及领导的有效性问题。早期的研究者试图找出一种最佳的领导方式（参见上文的研究）。但随着对领导有效性研究的深入，研究者们意识到，并不存在一成不变、普遍适用的领导方式，领导的有效性不仅取决于领导方式本身，还依赖于情境。因此，有效领导的权变理论应运而生。该理论主要关注的是根据内外环境的变化，采用适宜的领导方式以达到最好的群体和组织绩效，其中最有代表性的是菲德勒（Fiedler）所提出的权变模型（contingency model）。

菲德勒认为，有效的群体绩效取决于以下两个因素的合理配合：领导者风格以及领导者对情境的控制程度。为了确定领导风格，他设计了"最难共事者问卷"（least preferred coworker questionnaire，LPC）。LPC让回答者从自己的同事中找出一个最难共事者，并在16组相对立的形容词（如，快乐—不快乐、助人—敌意等）上对他进行评价，以此测量个体是任务取向还是关系取向。如果回答者以相对积极的词汇描述最难共事者（LPC得分高），这表明他愿意与同事形成友好的人际关系，即属于关系取向型；相反，如果回答者对最难共事者的评价比较消极（LPC得分低），则表明他对生产率更感兴趣，属于任务取向型。为了界定领导情境，菲德勒提出了影响领导有效性的三个因素：①领导者与成员的关系，指领导者对成员的信任、信赖和尊重程度；②任务结构，指成员承担的工作的程序化程度，是枯燥乏味的例行公事，还是需要一定创造性的任务；③领导者的职位权力，指与领导者职位相关联的正式职权以及领导者从上级和整个组织各个方面所取得的支持程度。三种因素综合起来得到八种情景，每位领导者都可以从中找到自己的位置。

在此基础上，菲德勒提出，当领导风格与情境相匹配时，会达到最佳领导效果（如图 10 – 2 所示）：任务取向的领导者在非常有利（Ⅰ、Ⅱ、Ⅲ）和非常不利（Ⅶ、Ⅷ）的情境中领导效果更好；而关系取向的领导者在中等有利的情景中（Ⅳ、Ⅴ、Ⅵ）的领导效果更好。

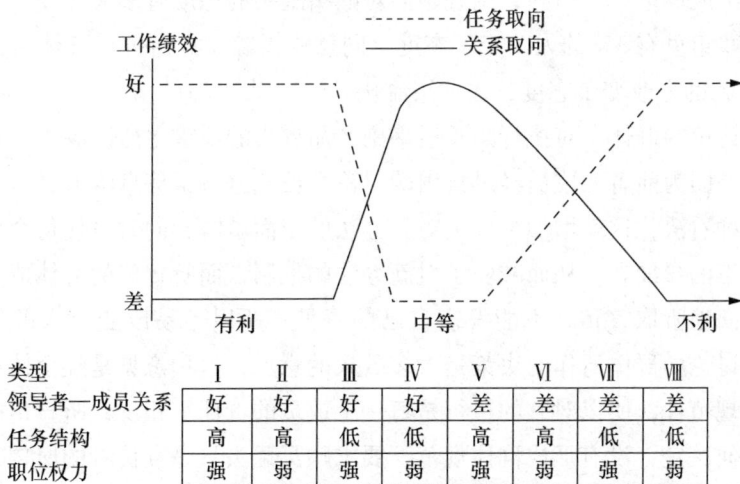

类型	Ⅰ	Ⅱ	Ⅲ	Ⅳ	Ⅴ	Ⅵ	Ⅶ	Ⅷ
领导者—成员关系	好	好	好	好	差	差	差	差
任务结构	高	高	低	低	高	高	低	低
职位权力	强	弱	强	弱	强	弱	强	弱

图 10 – 2　菲德勒权变模型

第三节　群体决策

在群体中，有许多重要问题都是通过群体决策的方式解决的。当群体面临问题时，大家出主意、想办法、寻找解决问题的策略与途径，这就是群体决策过程。群体决策一般包括六个步骤：觉察问题、确定决策目标、分析备选的行动方案和可能结果、选择行动方案、实施决策和提供反馈。其中每一个环节都是由群体成员集体开动脑筋，积极思考，共同讨论。

一、群体决策的积极功能

群体决策和个人决策相比有许多优点，在很多情况下比个人决策有效。在第二次世界大战期间，勒温通过说服实验对此进行了深入分析。由于战争所造成的经济困难，美国一方面减少了对商业网点的食品供应量，同时为了补充食品的不足，又开始向居民提供大量由屠宰副产品制作的罐头，但却遭到家庭主妇的抵制。为了找到说服家庭主妇的办法，勒温把参加红十字会的妇女组成六个小组，每组 13～17 人。他对其中的某些组采用传统的宣传形式，请人给她们宣传关于购买罐头的好处，并希望她们去购买；而对另外一些组则采用新的、让她们自己讨论的方式，认识购买罐头的重要性，并在此基础上作出群体的决定。一周后，勒温对小组成员进行了访问，调查她们对购买罐头的态度有多大转变，结果是听讲座的那些组里有 3% 的人改变了态度，同意购买罐头；而进行群体讨论的那些组则有 32% 的人改变了态度，去购买罐头。

参加讨论的群体，对执行购买屠宰副产品罐头的要求之所以高于听宣传的那些群体，是因为前者的成员经过自由的讨论，彼此进行了信息沟通，对购买罐头提出了种种看法，这就增加了成员对新办法的全面了解，同时也使每个成员觉得自己是决策的参加者，从而减弱了对新办法的抵制；而听宣传的群体成员，由于被动地单向地听取宣传，不能发表自己的意见，所以不易改变个人的偏见。同时，参加讨论的群体所作的决策是大多数人的意见，这种意见是经全体成员通过的，具有规范性，所以对它的执行是每一个成员的责任。相反，听宣传的群体没有作出任何决定，没有形成群体规范，要求购买罐头只是宣传者的愿望，目的在于劝说听众，效果自然不同于讨论的群体。

由此可见，群体决策具有以下积极功能：

1. 减少偏见。群体决策时要经过成员的相互讨论，会出现各种不同观点的碰撞和交锋，从而使群体决策的参加人员看到问题的各个方面，减少偏见，从心理上削弱了对新信息的抵制。

2. 获得大多数人的支持。群体所作出的决定，是群体讨论的结果，它会得到所有参加者的支持，并变成一种规范力量，对它的遵守变成了每个人的责任，使人们自觉地去执行。

3. 增强了成员的责任感。如果在强制命令下改变观点会损伤群体成员的自尊心，而通过讨论和群体决策，让群体成员们自发地发表意见，并进行自我转变，个体的自尊心就得到满足，行为的自觉性也得到提高。

4. 提高了执行决策的效率。通过群体决策所形成的最终意见，尽管群体成员对其态度不可能完全一致，但都会比执行一个与他们不相干的决定更自觉，这保证了群体成员执行决策的效率。

除此之外，群体决策通过综合多个个体的资源，汇集更多的信息和更为广泛的知识、经验和创造性，可以对问题进行更精确的诊断并提出更丰富的备选方案，从而使决策更周到、更全面，减少个人独断专行所造成的片面性和偏差，使决策质量更高；群体决策还可以加强成员间信息的沟通，改善群体内人际关系，增进了解和信任，有助于对问题的全面了解，从而有利于群体目标的达到和任务的完成。

虽然从整体效果而言，群体决策效果常高于个人决策，但在具体情况下，群体决策效果将依赖于任务的性质、群体成员的品质与才能，甚至时间等因素。另外，群体决策有时还会出现偏差，其效果并不比个人决策好。

二、群体决策的偏差

20 世纪 60 年代，美国总统肯尼迪与他的智囊团和内阁成员——被媒体誉为"最棒、最耀眼的一群人"——作出了这样一项决定：派出 1400 名经中情局训练的古巴流亡分子登陆古巴猪湾，煽动一次反对卡斯特罗的大规模暴乱。实际结果是，卡斯特罗的军队俘虏或歼灭了所有入侵者，入侵计划彻底失败；同时，美国的这一行径使拉美国家异常愤怒，而古巴与苏联的联盟关系更加紧密了。事后，肯尼迪总统自问："为何我们如此愚蠢？"

为什么这样一群才华横溢的人经过长时间讨论分析，最终得出这样一个灾难性的错误？贾尼斯（Janis）对此进行了历史分析，并构建了"群体思维"（group think）的概念来解释这一现象。

（一）群体思维：众人一心

群体思维也叫小群体意识，是群体的一种特定思维方式，是为了维护群体表面上的一致，而阻碍对问题的所有可能解决办法和行动方案作出实事求是且准确的评价，从而导致错误的决策的现象。简言之，群体思维就是与务实地思考事实相比，更注重保持团体凝聚力的一种思维方式。

群体思维主要有以下一些特点：

1. 当群体的这种意识形成并发展起来后，群体成员会出现盲目乐观，把自己的群体看作是无所不能的、不可战胜的、根本不会犯错误的。

2. 对与当前群体的观点不一致的意见忽视或不予理睬，将反对意见进行合理化。

3. 那些持有怀疑或不同看法的人往往保持沉默，以示顺从，从而避免受到孤立、嘲笑和排斥。

4. 群体会认为自己的群体不仅是正确的，而且在道义上也是优于其他群体或其他人的。

贾尼斯认为，在某些特定的情境中群体思维更容易发生，包括群体具有高凝聚力、与对立观点相隔绝、领导者风格是命令型的且会让群体成员了解他的意愿、没有一个有效的程序保证群体对所有选择从正反两方面加以考虑、外界压力太大等。在上面提到的入侵古巴的例子中，肯尼迪和他的智囊团刚刚在 1960 年的大选中获胜，相互间形成了一个关系密切、观点一致的群体。肯尼迪在最初就明确指出，他赞成入侵古巴，只是想让这个群体思考一下如何执行的细节问题。而且，他和他的智囊团还未作出过任何重大决策，正缺乏讨论问题的良好机制。

群体思维的后果令人担忧，因为其后果往往是有害的。它对于群体决策的不良影响主要有：

1. 对行为的其他可能原因调查不完全，使人们不再关注问题的真正原因；

2. 对群体目标调查不完全，一部分人的利益代替了群体的目标；

3. 对所偏好的方案的危险性缺乏检查，认为它已很完美，不需要深入分析；

4. 对已经否决的可能选择未加以重新评估，里面所包含的合理因素也被抛弃了；

5. 未详细探讨有关信息，一部分人所提供的信息不受重视；

6. 个体因为与处于控制地位的大部分群体成员的观点不一致，而出现从众、退缩或掩盖自己真实的观点和情感的现象。

贾尼斯将群体思维的前兆、表现和后果进行归纳，得到如图 10－3 所示的理论框架：在某些条件下，对于群体而言，保持群体凝聚力和团结比务实地思考事实更重要（见"前兆"）。此时，群体思维的特点就表现出来了（见"表现"），而这些特点最终导致了有缺陷的决策。

群体思维的前兆	群体思维的表现	决策缺陷
高凝聚力：团体具有高价值和吸引力，人们都非常想加入。 **群体隔离**：群体是封闭的，听不到任何不同意见。 **命令型领导**：领导者控制了整个讨论，并表明自己的态度。 **高压力**：成员知觉到群体受到威胁。	**不可战胜的错觉**：成员认为群体是无敌的，不会出错。 **群体道德的正确性**：上帝是站在我们这边的。 **自我检查**：成员决定自己不要提出任何反对意见，以防破坏群体合作。 **对反对者直接施压、使其顺从**：一旦出现反对意见，其他人就会对其施压，使其顺从于多数。 **集体一致的错觉**：不征求异议者的观点，从而造成集体同意的错觉。	对其他方案的不完全调查。 未检验偏好方案的实施风险。 信息搜集不力，未建立应变计划。

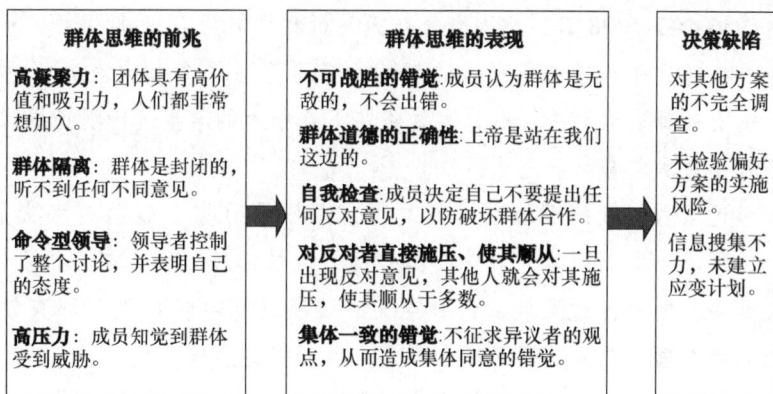

图 10 – 3　群体思维：前兆、表现和后果

　　许多政府政策和大型决策中都出现过群体思维，如对珍珠港遭袭击、出兵越南、美国挑战者号失事等的反应。

图 10 – 4　挑战者号失事

1986年1月28日，挑战者号航天飞机在发射后72秒后爆炸，机上7名宇航员全部遇难，其中最引人注目的是美国第一个参加太空飞行的普通公民——女教师麦考利夫。原计划她将在太空给她的学生进行现场授课，但不幸的是麦考利夫最终壮志未酬。

经过深入细致的调查取证后发现，爆炸是因一个O型封环失效所致，这个封环位于右侧固体火箭推进器的两个低层部件之间。在飞机发射之前，工程师对发射提出过置疑，认为空气的温度过低会使O型封环失效。但是两位高级管理人员并不同意这个意见，他们强迫操作者发射了飞船。他们对自己的观点非常自信，因为美国宇航局已经有55次成功发射的先例。反对者迫于压力，保持了沉默，于是出现了一致通过的假象。

鉴于群体思维产生的危害，研究者也对如何避免群体思维提出了建议：

1. 领导者应该鼓励群体成员公开质询和提出怀疑，领导者应该乐于接受成员对他的批评。

2. 领导者在讨论的最初阶段应该保持公平，避免表现出对某种方案的偏爱，因为这样会限制群体成员对这个问题提出批评性意见，使群体很可能把折中方案作为最终的选择方案。

3. 群体应该被分成小组来独立进行讨论，而后将观点合并以作出决定。

4. 群体讨论中应该邀请群体外的专家参与，并邀请专家对群体成员的观点提出挑战性意见。

5. 在每次会议中，至少应该有一个人被分配为持反对意见者；一旦达成某种决策，应该作第二次讨论，要求成员表达任何对决策的意见。

6. 征求匿名意见也有利于提高群体决策准确性。例如，采取不记名投票或要求群体成员匿名写下他们的意见，可以保证成员发表他们的真实看法，不必担心遭到群体的谴责。

肯尼迪吸取了猪湾事件决策失败的教训，在第二次重大外交决策——古巴导弹危机时，采取了一系列措施避免群体思维的陷阱。例如，他经常不参加智囊团讨论如何应对苏联在古巴安置导弹的会议，以免妨碍他们的讨论；另外，他还邀请智囊团以外的专家。最终，科学的群体决策方式使肯尼迪成功解决了古巴导弹危机。

（二）群体极化：走向极端

另一个影响群体决策准确性的现象是群体极化（group polarization），它涉及究竟是群体决策还是个人决策更具风险性的问题。最初的许多研究表明，当面临风险越高、回报也相应越高的决策选择时，群体作出的选择比个体单独作出的选择表现出更高的风险性，这类研究结果被称为风险转移（risk shift）。但进一步研究发现，风险转移并非事实的全部。事实上，群体决策方向上与个人决策相一致，但比个人决策结果更极端，这就是群体极化。具体表现为：如果人们先前的倾向是冒险的，则群体决策较之更具有风险性；如果人们先前的倾向是保守的，则群体决策相对更为谨慎。

可以从两个角度来解释群体极化。

1. 在群体讨论时，群体成员能为决策提供不同的信息。所有成员为了支持自己先前的决策，都提出了自己的一套论证，其中一些是其他成员单独决策时没有想到的。例如，你和朋友们看完一部电影后在一起讨论、评价这部电影，如果你们每一个人都有一些微小的理由不喜欢这部电影，所有理由汇集在一起，就有足够的证据让你觉得你实际上很不喜欢该电影。

2. 人们在群体讨论中，会首先了解其他人的观点和感受。为了获得同伴的关注和群体的欢迎，群体成员极力将群体的观点表达得比群体真实感受还要极端一点。这样一来，如果你得出每个人都不大喜欢某部电影的结论，你就会试图表达得更极端，以显示自己的过人之处。如果群体成员都试图以这种方式获得群体的尊重和关注，那么群体极化就不可避免了。

布朗（Brown）进一步提出了文化价值理论，对群体极化的跨文化差异给出了解释。该理论的核心观点是，某些文化易于表现出偏向风险的群体极化，而其他文化更易于表现出偏向保守的群体极化。例如，对于以资本主义经济制度为基础的美国文化，其崇尚冒险，表现在美国人对冒险方案的评价比对保守方案的评价要积极，并认为冒险者的能力比那些选择保守策略的人更高。相比之下，在谨慎的文化价值观占主导的其他文化中，人们表现出高程度的谨慎与保守。跨文化研究结果显示，在乌干达和利比里亚，群体做出的决策一般都比个人决策要保守。

复习题

1. 名词解释：狭义的群体　群体规范　领导者　群体思维　群体极化

2. 狭义的群体需要满足哪些标准?

3. 简述领导者产生的理论。

4. 简述勒温对领导方式的分类。

5. 简述减少群体思维的措施。

参考文献

1. ［美］阿伦森、威尔逊、埃克特:《社会心理学》,侯玉波等译,中国轻工业出版社 2005 年版。

2. 侯玉波编著:《社会心理学》,北京大学出版社 2013 年版。

3. 吴江霖、戴健林等编著: 《社会心理学》,广东高等教育出版社 2000 年版。

4. 乐国安主编:《社会心理学教程》,中央广播电视大学出版社 2010 年版。

5. 章志光主编:《社会心理学》,人民教育出版社 1996 年版。

图书在版编目（ＣＩＰ）数据

社会心理学 / 刘萃侠主编.—北京：中国政法大学出版社，2016.8（2023.3重印）
ISBN 978-7-5620-6975-1

Ⅰ．①社… Ⅱ．①刘… Ⅲ．①社会心理学—高等学校—教材 Ⅳ．①C912.6-0

中国版本图书馆CIP数据核字(2016)第198690号

出　版　者	中国政法大学出版社
地　　　址	北京市海淀区西土城路 25 号
邮　　　箱	fadapress@163.com
网　　　址	http://www.cuplpress.com (网络实名：中国政法大学出版社)
电　　　话	010-58908435(第一编辑部) 58908334(邮购部)
承　　　印	固安华明印业有限公司
开　　　本	720mm×960mm　1/16
印　　　张	13.25
字　　　数	230 千字
版　　　次	2016 年 8 月第 1 版
印　　　次	2023 年 3 月第 2 次印刷
印　　　数	3001～4500 册
定　　　价	35.00 元